_____ 님께 드립니다.

다시, 시작합니다

내 인생 다시 한 번 찬란하게!

다시, 시작합니다
내 인생 다시 한 번 찬란하게!

초판 1쇄 발행 2019년 9월 10일

지은이 김여나 · 이지영 · 김지혜 · 오현정 · 이주영 · 유해주 · 양혜영 · 조민정
발행인 송현옥
편집인 옥기종
펴낸곳 도서출판 더블:엔
출판등록 2011년 3월 16일 제2011-000014호

주소 서울시 강서구 마곡서1로 132, 301-901
전화 070_4306_9802
팩스 0505_137_7474
이메일 double_en@naver.com

ISBN 978-89-98294-65-6 (03320) 종이책
ISBN 978-89-98294-66-3 (05320) 전자책

이 도서는 한국출판문화산업진흥원의 '2019년 출판콘텐츠 창작 지원 사업' 의
일환으로 국민체육진흥기금을 지원받아 제작되었습니다.

다시, 시작합니다

내 인생 다시 한 번 찬란하게!

김여나 ◇ 이지영 ◇ 김지혜 ◇ 오현정
이주영 ◇ 유해주 ◇ 양혜영 ◇ 조민정

더블:엔

_임정진 (은평여성인력개발센터장)

● 흔히 현대를 여성상위의 시대라고 하지만 현실은 그렇지만은 않습니다. 청운의 꿈을 안고 학업이나 직장생활을 하다가 결혼하고 육아가 시작되면, 어느새 자기 자신은 온데간데없고 일상이 전쟁터가 되어 고군분투하면서 살게 됩니다. 자신의 꿈이 무엇이었는지도 잊어버리게 되지요. 그러나 이와는 반대로 자신의 꿈을 잃지 않고 살아가는 분들도 있습니다. 인생목표를 향해 어렵지만 끊임없이 노력하며 포기하지 않는 분들이지요.

자의식이 있는 여성들은 스스로 행복을 만듭니다.

"아무것도 하지 않으면 아무 일도 생기지 않는다" 는 말을 증명한 용기 있는 여성들의 발걸음이 시작되었습니다. 미국의 얼 나이팅게일 박사는《위대한 발견》이라는 책에서 "인간은 자신이 원하는 대로의 모습이 된다" 고 얘기했습니다. 자신의 원하는 모습을 그리며 그것을 향해 열심히 살아가고 있는 8명의 여성들의 이야기가 잊었던 꿈을 찾고 도전해보고자 하는 여러분에게 큰 용기와 힘이 되기를 바랍니다.

추 천 의 * * * 글

_주세훈 (전 인터파크도서 대표)

● 각자의 인생을 살다가 아이들의 장래를 위해서 잠시 접어두었던 자신들의 미래를 다시금 펼치려는 8명 엄마들의 인생극복기. 수십 년 인생을 살면서 1년이라도 계획대로 살아본 적이 있는가. 인생의 변화를 원한다면 지금의 1년부터 계획하라는 그녀들의 이야기에 귀기울여보자.

_서현진 (전 MBC 아나운서, 프리랜스 아나운서, 미스코리아)

● 30대 후반이 훌쩍 넘도록 나는 넘치는 자기애로 누구의 아내·며느리·엄마의 이름으로 사는 것을 구속이자 속박으로만 여겼다. 매일을 전쟁처럼 살아내는 이 땅의 주부들을 보며 저렇게는 살지 않겠노라, 가본 적도 없는 인생을 오만하게 판단하기도 했다. 늦은 결혼에 이어 마흔줄에 늦깎이 엄마가 될 준비를 하는 지금, 이 책에 나오는 모든 주인공들이 내 스승이요 롤모델이 되었다. 오늘도 고군분투하며 가족의 평온한 일상을 지켜내는 동시에 꿈을 향해 노력하는 그녀들을 온 마음을 다해 응원한다.

추 천 의 * * * 글

_박광수 (대치초등학교 교장선생님)

● 도전하는 삶에 대한 엄마들의 고뇌와 열정이 빚어낸 아름답고 소중한 글입니다. 다양한 경험에서 우러나온 그녀들의 울림 있는 이야기는 감동과 생명력을 느끼게 합니다. 주체적인 변화를 꿈꾸는 평범한 사람들의 멍한 가슴에 잔잔한 파문으로 전해지기 바랍니다.

_장현진 (서울교육대학교 생활과학교육과 교수)

● 평범한 엄마들이 힘을 합쳐 특별한 1년을 보내며 더 이상 이전과 같지 않은 삶을 살게 된 비결을 담은 책이다. 오랫동안 아동 발달과 교육에 전념해왔던 필자의 역량을 잘 알기에, 직장맘으로서 바쁜 와중에도 세 아이를 건강하고 올바르게 기르며 몸소 터득한 리얼 팩트이기 때문에, 어느 전문 육아서 · 삶의 기록보다 훌륭하다.

_ 박강욱 (로레알 브랜드 제너럴 매니저)

● 많이 좋아지고 있다지만 아직도 어려운 대한민국 환경에서 경력 단절을 경험하거나 워킹맘으로 살아가는 8명의 여성들이 1년 동안 자신을 위해 살며 만들어낸 담대한 도전의 경험 혹은 변화된 삶, 생각들을 담아낸 이야기! 평범하게 보일 수 있지만 결코 평범하지 않은 새로운 모험을 쓴 이야기를 통해서 여러분도 새로운 삶의 이야기를 그려보면 좋을 것 같습니다.

_ 강오순 (패션앤컴퍼니㈜ 대표)

● 이 책에는 제가 항상 되새기며 좋아하는 키워드인 'Positive Passion' 대로 1년을 충실하게 살아간 여성들의 이야기가 담겨 있습니다. 엄마로써 뿐만 아니라 주체적인 한 개인으로써 꿈을 실현하고자 하는 수많은 분들에게 매우 유익하고 희망적인 길잡이이자 지침서가 될 것입니다.

_박진영 (도토리소풍넥슨 (본원) 어린이집 원장)

● 기나긴 순례길을 떠난 순례자가 그 길의 끝에 이르는 방법은 바로 앞에 가는 사람의 발뒤꿈치를 보며 성실하게 걷는 것이라고 한다. 우리 인생길도 다르지 않을 것이다.

불확실한 미래에 대한 기대와 불안으로 인생을 허비하지 않고, 오늘 있는 그대로의 자신을 인정하는 것, 그리고 자신이 찾은 삶의 방향으로 각자의 속도대로 뚜벅뚜벅 소신 있게 걸어가는 것. 그렇게 하루, 1년의 시간이 쌓여갈 때 인생의 아름다운 완주를 만날 수 있지 않을까 싶다.

이 책은 우리의 친구이자 이웃인 8명의 평범한 엄마들이, 인생이라는 파도에 휩쓸리지 않고, 당당한 파도타기 선수가 되어 조금은 특별한 1년을 보내며 알게 된 인생의 지혜와 성찰을 담고 있다. 다양한 이름과 역할을 기대하는 세상 속에서 자신을 돌아볼 틈 없이 달려가느라 지쳐 있는 세상의 모든 엄마들에게 희망을 밝히는 작은 촛불이 되어줄 것이다.

_장유진 (헬로핏스튜디오 대표, 파인아트 작가)

● 바디프로필 시장이 활발해지고 있기는 하지만 운동을 하면서 자기 몸을 관리하고 사진으로 남기는 목표를 정한다는 게 여간 쉬운 일은 아니다. 몸뿐 아니라 정신까지 관리를 해야 할 수 있는 일이기 때문이다. 하지만 자신의 다양한 캐릭터 중 '엄마'라는 역할로 이 일을 해낸다면 내 삶을 관리하는 주인공이 나라는 것을 확실하게 증명할 수 있겠다는 생각이 들었다.

그런 의미에서 엄마들의 도전은 신선했다. 촬영 전, 각각 디렉팅 상담을 하면서 꼼꼼히 컨셉을 상의하고 실제 촬영까지 서로를 배려하며 멋지게 마무리한 그녀들과의 만남은 우리에게도 감사한 시간이었다.

아직 미혼이라 결혼, 육아에 대한 단어가 낯설다. 하지만 그녀들과의 촬영은 내가 그릴 미래의 좋은 밑그림이 되어주었고 언젠가 내가 그 캐릭터로 생활할 때 온전히 나를 들여다볼 수 있을 것만 같은 희망이 생겼다.

_ 이서연 (이서연의 꿈길연구소 대표)

● 누구의 엄마 누구의 딸로 불리던 사람들이 당당하고 유쾌하게 자신의 이름을 찾아가는 모임과 스토리가 있습니다. 목표를 세우기는 쉬워도 실행하고 이루기는 어렵습니다. 하지만 함께 해나갈 수 있기에 그리고 재미를 가지고 할 수 있기에 가능했던 이야기들이 있습니다! 내 인생 다시 한 번 점프하고 싶은 사람들에게 이 책을 적극 추천합니다.

_ 유영하 (하람)

● 8명의 '줌마벤져스.' 그녀들이 해냈다. 처음 1년 살기 모임에 참여했을 때, 그녀들의 책 출간 프로젝트를 들으면서 과연 할 수 있을까? 하는 물음표였지만 책을 출간하게 된 그녀들을 보면서 진짜 해냈구나! 라는 느낌표로 함께 가슴이 벅차올랐다. '나다움'으로 각자의 이야기를 들려주는 그녀들의 이야기가 궁금하다면… 평범한 당신도 꿈꾸는 걸 이뤄보고 싶다면… 꼭 이 책의 책장을 넘겨보시길 바랍니다~.

_ 최혜련 (내일도 맑음)

● 아이와 하루 종일 붙어서 아침, 점심, 저녁식사에 청소까지 해내고 있지만, 내가 이 일을 제대로 해내고 있나 의문이 드는 당신. 식어빠진 믹스커피를 마시며 뱃살 걱정, 육퇴 후 캔맥주 따며 뱃살 걱정하는 당신. 그새 뱃살은 잊고 내가 뭐하고 있나? 내가 지금 제대로 살고 있나? 끝도 없고 답도 없는 걱정을 하는 당신. 매일 출근하는 곳이 있을 때는 그래도 멋있는 일명 커리어우먼이었는데 지금은 회사고 집이고 다 내가 있을 곳이 아닌 것 같은 당신. 더 큰 문제는 무엇 하나 도전할 자신이 없는 당신. 이 모든 '당신들'에게, 다시 한 번 찬란하게 빛날 '당신들'에게 이 책을 추천합니다.

_ 진희선 (빛나는 무아)

● '함께하는 힘'을 아는 그녀들이 모였습니다. 평범한 그녀들의 도전, 그리고 1년 후… 그녀들의 삶이 달라졌고 특별해졌습니다. 할 수 없다고 말하던 그녀들은 이제 희망을 말합니다. 평범한 그녀들의 특별한 1년 살기 이야기! 시작이 두려운 분들께 큰 용기가 되어줄 이 책을 추천합니다.

11

_ 송귀옥 (나르샤)

● 멤버들의 진술한 자신의 삶에 대한 이야기가 어디에서도 경험하지 못한 감동적인 강연으로 다가옵니다. 1년 살기 모임은 서로의 이야기를 들으며 자신도 모르던 자아를 발견하고 함께 변화하게 됩니다. 내면의 이야기를 들으니 끈끈한 관계가 형성되어 든든한 응원군이 됩니다.

늘 도전하며 현실을 즐길 줄 아는 엄마들이 '1년 살기' 모임에 있습니다.

_ 최복영 (메이퀸)

● 1년 살기 멤버들을 보면서, 결혼해도 아이를 낳아도 멋지게 살 수 있다는 것을 확인하게 되었습니다. 가족과의 관계도 잘 이어나가면서, 나로 살아가는 기쁨을 찾기 위한 그녀들의 당당한 도전을 보면서 많은 여성들이 분명 공감을 가질 것입니다. 자신들이 깨달은 것들을 아낌없이 나눠주기 위해 책을 썼고, 이 책이 1년 전 자신들과 비슷한 누군가에게 선한 영향력으로 이어질 것을 확신합니다.

1 YEAR PROJECT
RE-START!

☐   다시 시작하기 두렵다면
☐   하고 싶은 게 뭔지 모르겠다면
☐   정신 없이 바쁜데 뭘 하고 있는지 모르겠다면
☐   아무래도 제2의 사춘기가 온 것 같다면
☐   내 인생 한번쯤 되돌아보고 싶다면

☐   경력 단절을 극복하고 싶다면
☐   특별한 전업맘이 되고 싶다면
☐   엄마로서도 잘 살아보고 싶다면
☐   어떤 목표를 가져야 할지 모르겠다면
☐   혼자서는 뭘 해야 할지 모르겠다면

☐   이제 막 무언가를 그만두었다면
☐   결혼을 결심하기 망설여진다면
☐   늘 다이어트에 실패하는 당신이라면
☐   의욕은 충만한데 무엇부터 시작해야 할지 모른다면
☐   의욕도 없고 무엇부터 시작해야 할지 모른다면

☐   말하고 쓰면 진짜 이루어지는지 의심한다면
☐   건강하게 잘 노는 법이 궁금하다면
☐   나를 사랑하는 법을 알고 싶다면
☐   무언가 만들어보는 것을 즐겨한다면
☐   재미있게 살고 싶다면

＊   ＊   ＊   ＊   ＊   ＊   ＊   ＊   ＊   ＊   ＊   ＊   ＊   ＊

체크 항목이 5개 이상인가요?

당신은 이 책을 꼭 읽어야 하는 분입니다!
그리고 〈내 인생에 다시없을 1년 살기〉 도전자로서
충분한 자격을 갖춘 사람입니다!

함께, 1년을, 공들여, 살아봅시다.

도대체 매월 첫째 토요일 아침 9시, 강남역에서는 무슨 일이 벌어
지고 있는 걸까요?

평범한 사람들이 들려주는 이야기, 목표를 향한 과정의 즐거움,
함께한다는 두근거림, 그리고 누군가에게 내가 페이스메이커가
되어 동기부여를 해줄 수 있다는 기쁨을 이 책을 통해, 그리고 '1
년 살기' 모임과 함께 경험해보시길 강력히 권해드립니다.

＊   ＊   ＊   ＊   ＊   ＊   ＊   ＊   ＊   ＊   ＊   ＊   ＊   ＊

변화와 성장을 원하는 당신에게
'1년 살기' 인생 프로젝트를 소개합니다

이 책을 쓰고 있는 지금, 나는 굉장히 떨리는 순간을 맞이하고 있다. 내가 2년 전에 꾸었던 꿈이 막 실행되고 있기 때문이다. 2년 전, 나는 '내 인생에 다시없을 1년 살기'라는 모임을 만들 었다. 비록 블로그를 통해 이어진 인연이긴 하지만 변화하고 싶다는 공통된 절실함은 생면부지의 낯선 사람들을 매월 첫째 주 토요일 아침, 벅찬 가슴으로 강남의 회의장으로 모이게 해 주었다. 1년 계획을 잡아보고, 매월 계획을 세우고 실천해가는 과정을 공유하면서 우리는 함께 성장하고 서로 놀라워했다. 그 모임을 통해서 1년 동안 변화한 모습을 우리끼리만 알고 있기 는 너무나 아까웠다. 나는 회원들에게 제안을 했다.

"우리, 우리 이야기를 함께 책으로 써봅시다!"

"책을요? 아이, 우리가 어떻게 책을 써요….'

"그럼, 내가 먼저 써볼게요. 그 다음에 같이 써봐요."

책 읽는 것을 좋아하고 언젠가 한번 써보고 싶다는 생각을 하기는 했지만, 지금 해봐야겠다고 생각한 건 아니었다. 그러나 사람들에게 자신 있게 "책 쓰자"고 말하려면 나부터 그런 경험을 해봐야 했다. 시중에 책 쓰는 법에 대한 책들이 제법 많이 나와 있었다. 많은 책을 찾아 읽고 수업도 들으면서 결국 나의 책을 출판했다. 작년의 일이다.

이제는 조금 더 자신 있게 말할 수 있다. 대한민국에서 가장 평범한 아줌마도 썼으니 우리 같이 한번 써봅시다!!!

아쉽게도 '1년 살기' 1기 회원들의 1년이 끝나서 그들과 함께하지는 못했다. 그러나 2기부터는 처음부터 그 목표를 갖고 출발했다. 이제 나도 경험이 있으므로 가능했다.

"1년을 잘 살아보고 그 내용을 책으로 쓸 겁니다!"

나는 자신 있게 말했다.

2기 회원들도 1기 때와 마찬가지 반응을 보였다.

"내가 어떻게 책을 써요…."

하지만 그랬던 분들이 자신의 이야기를 쓰기 시작했고; 그 원고가 지금 이렇게 한 권의 책으로 만들어지게 되었다.

'내 인생에 다시없을 1년 살기'는 이런 곳이다. 누구든지 어떤 형식과 행동으로 1년을 살아도 상관없다. 내 가슴을 설레게 할 단 한 가지 목표를 스스로 정한 후, 그 목표를 가지고 1년을 살아보는 것이다. 물론, 조건이 하나 있다.

무조건 1년간 해보기!!!

1년은 누군가에게는 몸값이 변할 수도 있는 시간이고, 누군가에게는 삶에 대한 태도가 바뀌기 충분한 시간이기 때문이다.

이렇게 1년을 살아본다면 우리의 인생은 어떻게 바뀔까? 나는 그것이 너무나도 궁금했다. 나 자신과 하는 인생 프로젝트를 혼자가 아닌 '함께' 하는 것이다. 인생은 마라톤이라고 하지만 그 출발점이 모두 같을 필요는 없다. 모두가 같은 곳을 향하여 뛸 필요도 없다. 내가 생각하는 방향이 나의 길이요, 내가 가고 싶은 곳이 나의 목표지점이 되는 것이다. 그래서 우리는 모였고 자신의 방향을 향해 뛰기 시작했다.

분명하게 자신의 목표를 찾고 그 방향으로 뛰어가는 사람이 있는가 하면, 뛰면서도 자신이 가는 방향이 맞는지 틀리는지 모르는 사람, 어느 쪽으로 어떻게 뛰어야 하는지도 모르던 사람, 출발선에서 다른 사람들이 뛰는 것을 지켜만 보는 사람도 있었다. 하지만 분명한 건 1년 뒤 우리는 많은 변화와 성장을 했다는 것이다.

크게 성장한 사람도 있고 그렇지 않은 사람도 있다. 하지만 이들에게 변화가 전혀 없었다고 생각하지 않는다. 단지 눈에 띄는 변화가 없을 뿐이지, 인생을 바라보는 시각이 분명히 바뀌었을 거라고 나는 장담한다. 그리고 그렇게 삶의 시각이 바뀐 사람들의 새해는 분명 달라졌을 것이다.

이 책에는 1년 동안 열심히 자신의 삶을 살아온 평범한 8명의 이야기가 담겨 있다. 이 책 속 누군가의 삶에서 내 모습을 볼 수도 있을 거라고 생각한다. 누군가는 목표를 찾지 못해 힘들어했고, 누군가는 끈기 있기 해내지 못했고, "이거야!" 라고 찾기는 했지만 그 과정에서 넘어지며 울었던 사람도 있다. 하지만 우리는 다시 일어섰다. 그렇게 평범했던 우리가 1년을 지나오며 이제는 비범한 이야기를 풀어내고 있다.

세 아이의 엄마로 주말부부에 장녀 노릇과 맏며느리 역할까지 해야 하는 워킹맘도 있고, 이제 뭔가 좀 해보려고 새 마음 새 뜻으로 모임에 합류했는데 둘째 임신으로 잠시 쉴 수밖에 없는 회원도 있다. 경력 단절을 겪으리라 생각하지 못했던 사람이 경력이 단절되면서 다시 무슨 일을 어떻게 시작해야 하는지 고민하는 일은 우리 주변에서도 흔히 볼 수 있는 사례들이다. 이렇게 우리 주변에서 쉽게 볼 수 있는 사람들이 함께 모여 '내 인생에 다시없을 1년 살기'라는 멋진 인생 프로젝트를 계획하며 살아보았다.

그녀들과 함께했던 1년을 돌아보니 눈물 날 만큼 감사한 일들이 많았다. 나 또한 자격 없는 사람임에도 불구하고 그녀들과 함께하면서 책 3권을 썼고 지금 4,5번째의 책을 기획하며 다른 사업을 꿈꾸고 있다. 기업체 및 기관 강연이며, 방송에도 나가 '1년 살기'를 소개하면서 강연을 했다. '1년 살기' 모임을 하기 전에는 생각지도 못했던 일이다. 무슨 일을 어떻게 찾아야 할지 몰랐던 내가 이렇게 내 일을 찾았고, 그 일을 벌여가면서 이제는 더 많은 일들을 찾아서 하고 있다. 어떻게 보면 1년 살기를 통해서 내 삶은 기적과 같이 변화되고 있었다.

1년 살기를 진행하면서 쉽지 않은 일도 많았고 상처받은 적도 많았지만, 함께 뛰어준 페이스메이커들이 있었기에 기적 같은 일들이 일어났다. 2년 전 내가 꿈꾸었던 일들이 이루어짐에 감동하는 날도 많았다. 정말 내 삶에 기적과 같은 일들이 일어날

줄 몰랐다. 기적은 특별한 사람에게 찾아오는 줄 알았다. 하지만 우리와 같이 평범한 사람들에게도 기적은 찾아와주었다. 기회는 인생에 있어서 세 번만 오는 것이 아니라, 우리가 만드는 만큼 온다는 것을 1년 살기를 통해서 알게 되었다.

내 인생의 변화와 성장을 원한다면 정말로, 진심으로, '내 인생에 다시없을 1년 살기'를 해보길 권한다. 나와 그녀들이 변화된 것처럼 당신도 분명 변화될 수 있다. 인생은 정말로 꿈꾸는 자의 것이다. 이런 멋진 인생을 다른 사람의 손에 맡기지 않았으면 좋겠다. 여기 있는 사람들은 어설프고 서툴지만 자신의 인생을 자신의 손으로 만들어가는 사람들이다.
당신이 꿈꾸는 대로 인생을 만들고 싶다면 그녀들처럼 자기 자신에게 솔직해져 보고, 그것을 위해서 무엇을 해야 하는지 스스로에게 물어봤으면 좋겠다. 그리고 1년 동안 그 꿈을 위해서 포기하지 않았으면 좋겠다. 그러면 이 책의 다음 주인공은 당신이 될 것이다. 우리가 그랬던 것처럼….

대표저자 김여나

PART 2

나의 속도를
유지하며 살아보기

PART 3

다시 사춘기,
나를 사랑하는 시간

PART 4
즐거움이 내 인생의
뿌리가 되도록

PART 1

인생의 의미를
찾아가는 길

김여나

(퀸스드림)

내가 잘하는 일, 내가 원하는 일을 원없이 하면서 다국적기업에서 커리어우먼으로 당당히 살다가 늦게 결혼하고 늦게 아이를 낳았다. 일하지 않는 삶을 상상해본 적이 없었건만 엄마가 되면서 자연스레 경력 단절 여성에 합류하고 말았다.

결혼해도 여왕처럼 우아하고 멋지게 늘 꿈을 가지고 살겠다는 생각에 퀸스드림(Queen's Dream)이라는 닉네임으로 블로그 활동을 시작했다. 하지만 이제는 여왕 한 사람의 꿈이 아니라 여왕님들의 꿈이 되길 바라는 마음에 Queens Dream으로 어포스트로피 에스('s)를 뺐다. 나만의 성공이 아닌, 여럿의 성공, 함께하는 성공을 만들어 내는 것을 비전으로 삼아 '사람들에게 영감을 불어넣어 신나게 일할 수 있도록 돕는 일'을 사명으로 하고 있다.

'내 인생에 다시없을 1년 살기'라는 인생 프로젝트를 통해서 일을 찾았고, 인생의 초점을 가치에 맞추며 살아가기로 했다. 초등학교 미술시간에 남자애들보다 못한다는 충격적인 말을 들은 이후 만들기를 거부하고 있지만, 나의 인생만큼은 서툴더라도 스스로 만들고 디자인하며 사는 라이프 디자이너로 살고 있다.

나는 내 인생 디자인하며 삽니다

***

김여나 (퀸스드림)

***

나는 '내 인생에 다시없을 1년 살기'라는 모임을 운영하고 있다. 해외 어딘가에서 1년 살아보기, 제주에서 1년 살아보기 그런 맥락이 아니라, 이 모임은 '정말로 내 가슴을 뛰게 하는 단 한 가지의 목표를 가지고 1년간 함께 살아보는' 멋진 프로젝트다. 인생 프로젝트를 혼자가 아닌 누군가와 함께하는 것이다. 똑같은 목표를 가질 필요도 없고, 같은 방향으로 뛸 필요도 없다. 내가 생각하는 방향으로 내가 생각하는 그 지점을 향해 뛰는 것이다. 각자의 방향을 향해 뛰어가는 건데 함께? 왜? 함께 하면 뭔가 좋은 점이 있는 것일까?

혼자 하면 지치기 마련이다. 나 혼자서 시작하다가 나 혼자서 끝내더라도 아무도 모른다. 아무리 굳은 결심을 해도 쉽게 포기하고 만다. 내가 해봐서 안다. 여러 번 계획을 세웠고, 그 계획을 지키기 위한 여러 안전장치를 심어놓아도 쉽지 않았다. 그래서 함께 시작해보기로 했다.

어쩌다 보니 나처럼 육아를 하는 엄마들이 모이게 되었다. 한 손과 발이 묶여 있으니 누군가의 도움이 절실하게 필요할 때가 많은데 항상 가족의 도움을 받을 수 있는 상황이 아닌 데다, 우리는 우리 자신을 찾아가는 새로운 힘이 절실하게 필요했다. 각자 다른 삶을 살고 있던 우리는 서로에게 이상한 동질감과 전우애 같은 것을 느꼈다.

*

내 인생에 다시없을 1년 살기 프로젝트

*

그렇게 함께 인생 프로젝트를 시작했다. 한 달에 한 번, 매주 첫 번째 토요일, 정말 귀한 시간을 쪼개어 떨리는 가슴으로 모였다. 모이긴 모였는데… 무엇을 어떻게 하면 좋을까? 우선 내가 정말로 하고 싶은 것이 무엇인지를 찾는 게 중요했다. 1년 살기를 3년차 진행하면서 느끼는 것이지만, 우리는 우리의 가슴을 떨리게 하는 그 무언가를 찾는다는 것조차 매우 어렵게 생각한다. 그것을 찾는데 1년이 걸리는 경우가 있다. 그럴 경우도 너무 감사하다. 1년이 지나도 찾지 못하는 사람들이 더 많다.

그 목표를 찾기 위해 우리는 각자 자신의 인생을 되돌아보았다. 한 명씩 돌아가며 20~30분 동안 발표를 했다. 발표 준비를 하며 '나'를 발견하게 되었고 발표하면서는 뭔가 모를 응어리가 풀렸다. 지금까지 내가 살아온 인생을 20분 안에 발표하려면 핵심 키워드를 찾아야 했다. 그 키워드 속에서 이야기를 풀어나갔다. 다른 사람의 삶을 들으면서도 많은 것을 배웠다. 나만 힘든 줄 알았는데, 나보다 더 힘든 사람들의 이야기를 듣고 위로를 받았다.

우리는 이렇게 스스로 치유하는 시간을 만들어갔다. 내가 왜 힘들었는지, 그때 어떤 일을 통해서 어떻게 극복했는지, 그래서 나는 어떤 꿈을 가지고 1년을 살아가고 싶은지에 대해서 이야기를 하다 보니 희망이 생겨나기 시작했다. 정말 할 수 있을 것 같다는 생각도 들었다. 그리고 듣는 사람들은 그 사람을 위해서 박수를 쳐준다. 어디서 내 이야기를 하면서 박수를 받아본 적이 있었던가. 오랜만에, 혹은 처음 해보는 귀한 경험일 수도 있다. 그리고 이제는 더 이상 아무도 나의 꿈이 무엇인지 물어보지 않지만, 여기 오니 내 꿈에 대해서 물어봐준다. 그렇게 꿈을 공유하는 것만으로도 의욕이 생겼다.

우리는 자신의 꿈을 공유하기 시작했다. 그리고 어설프게나마 그 꿈을 향해서 도전하기 시작했다. 혹은 자신의 꿈을 찾기 위해 나섰다. 우리는 엄마로서 그동안 내 아이들에게만 관심을 두었다. 내 아이의 꿈이 무엇인지 궁금해했고, 내 아이가 더 많이 성장하기를 바랐다. 이제 아이만이 아닌 나의 꿈에 관심을 갖게 되었다. 왠지 여기 오면 진짜 이루어질 것 같은 착각도 해본다. 먼저 시작했던 누군가는 슬슬 성공사례로 만들어가고 있었기 때문이다.

한 달 한 달을 의미 있게 보내게 되었다. 내 꿈을 12조각으로 나눠서 이번 달에는 무엇을 해야 하는지 생각해보았다. 그리고 그 목표를 잘게 쪼개서 매일 해야 할 것들을 적어본다. 말일에는 결과를 내본다. 처음에는 자신이 세운 목표의 반의 반도 성공하지 못했던 사람들이 이제는 달성률이 30%, 60%, 100%가 되어간다. 아무도 뭐라고 하는 사람이 없다. 숙제검사를 하는 사람도 없고, 왜 못했냐고 닦달하는 사람도 없다. 그저 스스로 작성해보고 검토하고 판단하며 다짐할 뿐이다. 그만한 효과가 없다. 누가 보든 말든 공유를 하게 되면 스스로와의 약속도 되고, 공유한 사람들과도 약속을 하게 되는 것이다. 다른 사람들의 결과를 보면서 좋은 자극도 받는다. 비슷한 사람들끼리 모였으니 거기서 거기인 결과물이 나올 것 같은데, 오히려 더 좋은 효과를 내고 있다.

아무도 나와 같은 방향이 없으니 경쟁자가 없고, 같은 출발선에서 뛰는 게 아니기 때문에 이기고 지는 시합이 아니다. 우리는 서로가 서로를 응원해주는 사람이 되었고, 힘들 때 옆에서 함께 뛰고 있는 페이스메이커가 되어주었다.

*

1년을 살아보니…

*

1년 살기를 처음 시작할 때 나는 일이 너무너무 하고 싶었다. 한번도 내가 일을 하지 않을 거라는 생각을 해본 적이 없었다.

결혼을 해서 아이를 낳아도 당연히 일을 할 거라 생각했다. 하지만 상황은 나를 경력 단절 여성으로 만들었다. 처음에는 괜찮았다. 아주 긍정적인 마인드로 교수님들만 갖는 안식년을 나도 갖게 되는구나 생각했다. 하지만 안식년이 점점 길어지면서 불안한 마음이 들기 시작했다.

정장에 하이힐만 신었던 나는 없어지고, 아이에게 묻을까 봐 맨얼굴에 편한 옷만 입고 운동화를 신으며 유모차를 끄는 동네 아줌마가 되어 있었다. 그래도 조금씩 내 일을 찾으려고는 했는데 그게 잘 되지 않았다.

둘째 아이 유산 후 몸과 마음이 너무나도 힘들 때, 나는 내 인생에 관해서 진지하게 생각할 시간을 갖게 되었다. '내가 언제 가장 행복했더라…' 생각해보니 예전의 나는 내가 하고 싶은 대로 원하는 일을 하면서 재미있게 살았다. 아이를 낳고 육아를 한다고 내 인생이 재미가 없어지고 우울하게만 되는 건 아니었다. 내 인생에 더 이상 후회할 일은 만들지 않기로 했다.

결혼 전, 일본과 호주에서 1년 살기를 하면서 참 많은 것을 배웠던 게 떠올랐다. 그래서 다시 한 번 1년 살기를 해보고 싶어졌다. 이번에는 한국에서 인생 프로젝트로 1년 살기를 해보기로 했다. 목표는 '일 찾기'였다. 무슨 일을 어떻게 찾아야 할지 몰라서 망설이기만 할 때, 이 목표를 가지고 1년을 살아보자 다짐했다.

그 결과? 내가 하고 싶은 일을 찾았다. 2년차에는 '일 벌이기'를 목표로 했다. 나는 일을 벌이고 다니기 시작했다. 내가 할 수 있는 일, 그리고 할 수 없을 거라 생각했었던 일들에 도전하며 돌아다녔다.

며칠 전, 여성개발원에서 여성가족부 장관님을 모시고 간담회를 하는데 게스트로 참석해달라는 연락을 받았다. 경력 단절 여성이 어떻게 일을 찾았고 자신의 일을 만들어가고 있는지에 대한 이야기를 해달라는 요청을 받았다. 그래서 1년 살기 하면서 했던 일들의 결과물들을 글로 쭉 정리를 해보았다.

1. '내 인생에 다시없을 1년 살기'라는 모임을 만들어서 3년차 운영 중. 그 모임에서 강연 재료 및 어떤 내용으로 강의를 하면 좋을지 연구. 실제로 이 모임 활동을 통해서 책도 쓰고 책으로 방송 및 강의, 강연도 하고 있음.

2. 공저 포함 책 2권 출판. 곧 나올 책이 2권 있고, 현재 모임 사람들과 책 한 권, 그리고 개인적으로 출판할 책 1권을 기획해서 쓰고 있음.

3. EBS 〈생각하는 콘서트〉 강연 : '시작이 어려운 당신에게' 라는 주제로 15분 강연 및 토크. [2019.3.10]

4. 50플러스 강의 및 당사자 연구 논문 작성 : '내 인생에 다시없을 1년 살기' 다시 시작하려는 분들께 동기부여 수업 / 50플러스 당사자 연구 논문 〈50대 경력 단절 여성들을 위한 프로그램의 운영상태 및 개선방향(공저)〉 작성.

5. 2018년 여성벤처 창업 케어 프로그램 : 최종 선발. 사업 자금 지원과 기업가와 1:1 멘토링 받음. 인코칭 '홍의숙 대표님'과 멘토 멘티 결연. 코칭 분야를 접목하여 '여나(여성 나눔) 커리어 코칭센터' 설립.

6. 국가기관 산하 리더십센터 : 1년 동안 국가기관 산하에 있는 리더십센터에서 '미래설계' 및 '동기부여' 강연 계약.

7. 북 콘서트 계획 : 10월 중. 1년 살기 멤버들과 함께 '북 콘서트' 기획. 엄마로서 멋진 인생을 살고 싶은 분들이 내 인생을 위하여 1년간 살아온 경험을 책으로 출판. 그것을 기념하는 것으로 북 콘서트 기획. 수익금으로 미혼모 도울 수 있는 길을 마련할 예정.

8. 경력 단절 여성들을 위한 '커리어나비' 전문강사 2018년에 이어 2019년에도 연임.

9. 〈피플투데이〉에 칼럼 연재.

10. 1년 살기 멤버들과 함께 새로운 사업을 구상해서 실행 예정.

11. 마포FM 라디오 진행 : 9월 가을부터 방송 예정.

내가 생각해도 내 인생에 다시없을 1년 살기를 하면서 정말로 많은 일들이 벌어졌고 만들어졌다. 단지 한 가지 목표를 가지고 열심히 살았을 뿐인데, 그 일들은 나에게 기적에 가까울 만큼 여러 가지 결과물로 나타났다. 내가 특별해서 그렇게 된 것일까? 절대 아니다. 나야말로 대한민국에서 가장 흔한 아줌마다. 나와 같은 사람도 자신의 가슴 뛰는 목표를 가지고 1년을 살아보면 이렇게 많은 결과물들을 만들어갈 수 있는 것이다. 내가 해봤기 때문에 자신 있게 말할 수 있다. 당신 또한 변할 수 있다고! 당신 또한 성장할 수 있다고!

정말로 간절하게 원하고 그 마음을 가지고 1년 동안만 그렇게 살아본다면 정말로 당신이 원하는 대로 바뀔 수 있다고 이제는 자신 있게 말할 수 있다.

성공의 반대말은 실패가 아니라 포기

*

내가 결과물들을 쭉 늘어놓으니 사람들은 대단하게만 생각한다. 하지만 진짜 하고 싶은 말은 이것이다. 나는 한 번 성공하기 위해서 수도 없이 넘어졌다. 어떤 것 하나라도 쉽게 얻은 적이 없다. 늘 그렇지만 하나님은 내게 쉽게 주신 것이 하나도 없었다. 가까운 길도 돌아가게 하셨다. 그래서 나는 인생에서 중요하다고 생각하는 것은 늘 시작이 늦었다.

대학에 들어간 것도, 대학원에 가게 된 것도, 첫 회사 입사도, 결혼과 육아도 모두 늦었다. 그러다 보니 늘 간절했다. 간절했기 때문에 열심히 할 수밖에 없었고, 실패하거나 떨어지더라도 다시 해야 했다. 계속 그렇게 살다 보니 또 이게 당연하게 느껴져 서럽게 운 적도 많았다. 나는 뭔가 간절하게 원하지 않으면 안 되는구나… 라는 사실이 나를 힘들게 하면서도 몇 번의 실패 속에서 다시 일어나게 해준 힘이 되었다.

내가 열 번 성공을 했다면 그것은 적어도 100번 이상의 실패를 경험한 후였다. 첫 책을 출간할 때의 일이다. 나는 86번째 출판사에 문을 두드린 후에야 출판 계약을 할 수 있었다. 85번 떨어지고 나서 계약서를 쓰게 된 것이다. 그러니 나의 열 번의 성공을 위한 실패담이 100번이 넘어간다는 것은 지극히 당연한 이야기다.

몸과 마음이 건강하면 정말로 가볍게 툭툭 치고 넘어갈 수 있으련만 내 마음과 몸이 건강하지 못할 때에는 심각한 슬럼프를 겪기도 했다. 좌절 속에서 힘들어했고, 출간 거절 메일이 반복될 때마다 한숨을 쉬기도 했다. 정말로 솔직하게 고백하건대 포기하고 싶을 때가 한두 번이 아니었다. 그럼에도 불구하고 계속 메일을 보내고 수정하고 고치기 시작하니 결국에는 임자를 만났다. 정말 포기하지 않기를 잘했다는 생각을 했다.

1년 살기에는 단 하나의 조건이 붙는다. 어떤 목표든 상관없지만, 1년간 꾸준하게 그 목표를 향해서 가야 한다는 것이다. 쉬울 것 같지만 가장 어려운 일이다. 1기 때도 그랬고 2기 때도 똑같았다. 6개월쯤 되면 중간에 꼭 포기하는 사람들이 생겼다. 그리고 어찌 되었든 1년을 가본 사람들은 분명히 그 전과 달라졌다. 1년 살기 모임을 3년차 운영하면서 더 확실하게 느끼는 부분이다.

내가 원하는 방향으로 가지 못했다 하더라도 그것은 실패가 아니었다. 내가 전혀 생각지 못했던 길로 갈 수도 있다. 정말로 실패란 포기한다는 것 그것이었다.

《빨강머리 앤》에 이런 명대사가 나온다.

"생각대로 되지 않는 것은 정말 멋진 일인 것 같다. 생각지도 못한 일들이 생기니까 말이다!"

빨강머리 앤처럼 초긍정의 마인드를 갖는다는 게 쉽지는 않지만, 1년 살기를 하다 보면 정말로 이런 마인드는 필수로 다가온다. 생각해보면 만약 내 뜻대로 모두 되었다면 나는 지금의 모습이 아니라, 아직도 회사에서 열심히 일하고 있는 워킹맘일 것이다.

그런데 지금 나는 예전 같으면 생각하지도 못했던 일들을 하고 있다. 내가 어떻게 모임을 만들어서 운영을 하고 있고 그 안에서 이렇게 많은 일들을 벌일 수 있단 말인가! 이건 정말로 있을 수 없는 일이다. 다시 생각해보면 참 재미있다. 그냥 회사만 다녔다면 몰랐던 일들을 많이 경험하고 느끼고 있다. 그래서 참 감사하다. 내가 그때 실패했다고 포기하지 않았던 게 얼마나 다행인지 모른다.

1년 살기를 운영하면서도 힘든 일들이 많았다. 고백하건대 리더로서의 일도 쉽지 않았다. 실제로 나는 앞에 나서는 것을 좋아하는 성격이 아니다. 오히려 뒤에서 묵묵하게 일하는 것이 나에게 맞다. 계속 그렇게 일해 왔기 때문이다. 그런 내가 다른 사람들 앞에 서는 것도 쉽지 않았고, 모임을 이끌고 나간다는 것 자체가 쉽지 않았다. 귀한 시간을 내서 오는 사람들에게 뭔가 하나라도 더 얻어갈 수 있도록 해야 했고, 매달마다 뭔가 새로운 것을 해야 하는 것에 적지 않은 부담을 느꼈다.

나와 혈연관계의 사람들도 아니고, 급여를 받으면서 모이는 사람들도 아니다. 단지 변화와 성장이라는 하나의 목적이 맞아서 모인 사람들이라 이 사람들이 정말로 변화와 성장이 되지 않으면 매달 모일 수도 없는 일이다. 그래서 리더인 내가 가장 많이 성장해야 한다는 부담감이 늘 있었다. 나부터 눈에 띄는 변화가 있어야 함께하는 사람들에게도 좋은 영향을 줄 텐데 나도 그러지 못할 때가 많아서 스스로 지치기도 했다. 정말로 포기하고 싶을 때도 있었다. 아마 작년 12월이 가장 힘들었던 시기였을 것이다.

그때 나는 신기한 경험을 했다. 내가 다니는 교회에 작은 카페가 있는데 그곳에는 사람들이 기증한 책들이 있다. 딸아이를 기다리면서 어떤 책들이 있는지 보고 있었다. 그리고 그 중에 관심이 가는 책을 빌려왔다. 다음날인 12월 31일, 그 책을 읽기 시작했다. 《하나님의 타이밍》이라는 책으로, 요셉에 관한 이야기가 나온다. 요셉이라는 인물은 정말로 힘든 일을 많이 겪은 사람이다. 형제들에게 노예로 팔려가기도 했고 억울하게 감옥에 갇히기도 했다. 하지만 나중에 뒤돌아보니 그 일들은 요셉이라는 인물을 만들기 위한 훌륭한 가르침이었고, 요셉은 때가 되어 이집트의 총리가 되었다. 지금 힘든 일을 겪는 것은 나중에 더 큰일에 쓰임 받기 위한 가르침을 훈련 중이라는 좋은 교훈을 주는 책이다. 이 책을 다 읽고 블로그에 정리를 하려다가 나는 깜짝 놀랐다. 책의 뒷면지에 나에게 보내는 누군가의 편지가 있었다. "TO 여나자매"로 시작되는 글은 9년 전 누군가가 내게 쓴 것이었다. 그때 나는 잠실에 있는 교회에 다니고 있었는데, 어떤 분이 내게 선물로 주셨고, 나는 그 책을 다 읽고 누군가에게 준 것 같은데 그 책이 돌고 돌아 9년 후 내가 다니는 종로에 있는 교회 작은 카페에서 발견된 것이다. 그때 정말로 심적으로 너무 힘들어서 모든 것을 다 포기하려고 했을 때였다. 그러다가 이 책을 발견하게 되고 우연히 읽게 된 것이다.

우연이라면 우연이라고 할 수 있겠지만, 나는 신앙이 있는 사람으로서 이것을 우연이라고 생각하지 않는다. 내가 포기하지 말아야 할 필연의 이유로 받아들였고, 1년 살기라는 모임을 포기하지 않고 끝까지 함께하게 된 것이다. 나는 1년 살기를 통해서 아직 성공이라고는 말할 수 없지만 많은 발전을 했다. 그리고 이제는 그 누구에게도 "절대 포기하지 마세요!" 라는 말을 한다. 정말로 경험해본 사람이기 때문에 몇 번을 강조해서 말한다. 절대로! 절대로! 포기하지 마세요!!!

*

내 인생에 기적을 바란다면 함께하자!

*

그 전에는 몰랐다. 누군가가 가르쳐주기를 바랐다. 내가 무엇을 하면 좋을지… 어떻게 하면 좋을지 그 방법에 대해서 정확하게 말해주길 바랐다. 하지만 아무도 그런 사람이 없었다. 정말로 이제는 나의 꿈에 대해서 관심을 가져주는 사람이 없었다. 전에는 내 꿈에 대해서 그렇게 물어보던 친정엄마도 내가 아이를 낳고 키우는 엄마가 되고 난 후 나보다는 내 아이의 꿈에 대해서 더 많은 관심을 가졌다.

정말로 누군가가 가르쳐줬으면 좋겠다는 생각을 많이 했다. 생각하면 할수록 나의 재능이 무엇인지 모르겠고 내가 무엇을 잘하는지도 모르겠다. 정말로 간절히 원한다면 방법이 생긴다고 한다. 하지만 나는 그것조차 모르겠다. 나는 정말로 간절한데 왜 방법이 생기지 않는 것일까? 아직 덜 간절한가? 그건 아닌 것 같은데… 그러면 나는 뭐가 문제인 것일까!!!

나만 이런 생각을 하고 있는 건 아닐 것이었다. 나 말고도 이런 생각을 한 사람들이 정말 많을 것이었다. 그때 나는 함께하는 방법을 생각했다. 도저히 혼자서 못 하겠으니 함께하다 보면 그래도 뭔가 시너지 효과를 만들어낼 수 있지 않을까? 그래서 1년 살기라는 모임을 만들었고, 사람을 모았고, 나의 인생을 되돌아보며 나를 알아가기 시작했다. 앞뒤가 막막했지만, 그래도 일 찾기를 위해서 뛰기 시작했다. 관련 책도 많이 읽고, 엉뚱한 곳에 삽질도 많이 했다. 그러다가 1년 살기 모임에서 누군가가 나에게 이렇게 말해주었다.

"퀸스 님은 사람들 앞에서 말하는 것을 잘하는 것 같은데, 지금 하고 있는 것을 일로 해보면 어때요? 그리고 1년 살기를 통해서 일을 만들어보는 것도 좋을 거 같아요."

"제가요? 무슨!!! 에이… 그럴 리가요."

그런데 웃긴 건 지금 나는 그때 그분이 추천해주신 일을 하고 있다. 나는 나를 찾는 과정에서 나와 같은 '경력 단절 여성들'에 대해 관심이 많다는 것을 알게 되었고, 그런 여성들에게 조금이나마 도움이 되는 일을 하고 싶었다. 내 삶 자체가 좋은 표본이 되었으면 좋겠다는 마음에서 여러 도전들을 하고 실패들도 하면서 그런 내용을 1년 살기 멤버들과 블로그에 공유하고 있다. 그때 누군가가 내게 이런 조언을 해주지 않았다면 나는 아직도 엉뚱한 곳에서 삽질을 하고 있을지도 모르겠다. 한 달에 한 번 만남이지만, 어쩌면 나의 상황을 가장 잘 알아주는 친구로서 선배로서 혹은 언니 동생으로서의 조언이 나를 이 길로 가게끔 만든 것이다.

또 다른 예를 들면, 지금까지 나는 수많은 목표들을 세우고 그
것을 하나씩 지워 나가면서 나의 일들을 만들어갔다. 그런데
매년, 매번, 실패하는 목표가 있다. 바로 여자들의 평생 숙제인
다이어트다. 먹는 것을 유독 좋아하고, 먹는 것을 큰 기쁨으로
여기고, 스트레스도 먹는 것으로 해결한다. 그러다 보니 체중
이 무섭게 늘어난다. 예쁜 몸매는 둘째 치고 확실히 건강에도
좋지 않다. 많이 먹고 즐겁게 먹는 시간을 갖기 위해 운동을 해
야겠다는 생각을 하지만 바쁘다는 핑계로 운동도 하지 못하고
지낸다.

올해 1월에 멤버들과 함께 비전보드를 만들어서 공유했다. 모.
든 멤버가 여자들이라 그 안에는 교집합이 꽤 많았다. 그 중 하
나가 다이어트다. 대부분의 멤버가 예쁜 몸을 만들기를 원했
다. 그래서 내가 제안했다. "건강한 몸 만들어서 올 6월 말에
다같이 바디프로필을 찍읍시다!!!"
꼭 복근이 있어야 하는 건 아니다. 애플힙에 십일자 복근이 갖
춰진다면 좋겠지만 그런 허망한 꿈은 꾸지 않는 게 정신건강에
좋다.

그래서 '건강한 몸을 가진 건강한 엄마가 건강한 육아를 한다!'라는 컨셉으로 해서 바디프로필을 아이들과 함께 찍기로 했다. 1월부터 시작해서 6월 29일 토요일에 무조건 찍는 것이다. 미리 예약금 다 걸어놨고, 이미 사진비용도 내버렸다. 정말 할 수밖에 없는 상황을 만들었다.

함께하는 사람들을 단톡방으로 묶어서 매일 아침 체중을 재고 사진으로 찍어 공유를 한다. 전날 먹은 음식들을 써서 공유하고, 운동 내용도 공유하는 것이다. 1~2월에는 시기적으로도 무방비 상태였다. 매일 체중계 사진만 올려놓고 "아~ 몸무게 빼는 게 힘드네요. 진짜 어려워요!!!" 하던 사람들이 3~4월이 되니 조금씩 달라진 모습을 보였다.

체중이 비슷한 사람들끼리 원하는 몸무게 진입을 위해 커피쿠폰을 걸고 뛰기도 한다. 5천원의 행복으로 우리는 행복하게 다이어트도 하고 운동도 한다. 매일 내 몸무게뿐 아니라 다른 사람들의 몸무게도 관리해준다. 내 마음처럼 되지 않는 건 육아와 체중이라는 것을 깨달으면서 그 어려운 일을 우리는 함께 즐거운 마음으로 해나간다. 그렇게 5~6kg을 뺐다. 그리고 6월 29일, 우리는 원하는 몸을 만들어서 사진을 찍었다. 함께하면 힘든 다이어트도 즐겁게 할 수 있다. 나만 살을 못 빼는 게 아니었어! 라는 위로도 얻고, 나와 비슷한 사람들의 몸무게가 매일 변동되는 것을 보며 탄력을 받아 독한 마음을 먹기도 한다.

혼자라면 할 수 없는 일이다. 나의 목표는 매달 1kg씩 감량해서 6월 말에 6kg 감량된 건강한 몸으로 바디프로필을 찍는 것이었다. 출산 후부터 빼지 못해 숙제로 남겨두었던 살들을 빼고, 나는 결혼 전 몸무게로 돌아가서 난생 처음 바디프로필을 찍었다.

인생에 기적을 바란다면 함께 해보자! 분명 당신에게도 기적과 같은 일들이 벌어질 것이다.

*

너의 인생을 살아라

*

우리는 왜 편안한 삶을 내버려두고 이렇게 힘든 길을 선택하는 것일까? 직장 다니는 엄마들은 워킹맘으로서도 힘들 것이고, 또 전업주부들도 나름 육아와 집안일도 쉽지 않을 텐데 어떤 이유를 가지고 이들은 매달 자신의 목표를 스스로 세우고 그 목표를 향해서 뛰는 것일까? 그 이유에 대해서 생각해보다가 한 곡의 노래 가사와 드라마를 보며 깨닫게 되었다.

양희경의 '엄마가 딸에게' 가사를 들어보면, 엄마가 딸에게 좀 더 행복해지기를 원하는 마음에 가슴을 뒤져 할 말을 찾는다. '공부해라' 라는 말은 너무 교과서 같고, '성실해라' 라는 말은 나 자신도 그렇게 하지 못했는데… 하면서 다른 말을 찾다가 '사랑해라' 고 말하지만, 자신이 생각해도 사랑은 쉽지 않다. 고민 끝에 엄마는 딸에게 '너의 삶을 살아라' 라는 말을 해준 다는 내용이다.

3월에 끝난 드라마 〈눈이 부시게〉에서 알츠하이머에 걸린 김 혜자가 잠시 정신이 돌아왔을 때, 며느리에게 이렇게 말한다. "우리 며느리 참 열심히도 살았다. 내가 무슨 복에 이런 며느 리를 얻었을까 할 만큼 했어. 넘치도록 했어. 이제 놓고 편히 살아. 이제 내가 살면 얼마나 살겠니? 옹색한 살림에 다리 불 편한 남편에 너 빠듯하게 사는 거 알면서도 나, 사는 거 바빠서 모른 척했다. 친정도 없는 널 혼자 됐어. 네가 그 낡은 미용실 안쪽에서 시름시름 늙어가는 걸 알면서도. 다 내 욕심이지. 미 안하다. 이제 네 생각만 하고 살아. 이제 넌 네 생각만 해. 그래 도 돼. 남편도 자식도 훌훌 벗고 너로 살아. 그래야 내가 날 용서할 것 같아. 정은이, 우리 착한 며느리, 난 네가 무슨 결정을 하든 늘 네 편이야."

결국 마지막에 시어머니도 며느리에게 해주고 싶은 말은 "너의 삶을 살아라" 라는 말이었다.

엄마가 딸에게 해주고 싶은 말도, 시어머니가 며느리에게 해주고 싶은 말도 "너의 삶을 살아라" 라는 건 그렇게 살지 못하는 사람들이 많기 때문이 아닐까? 엄마로서 시어머니로서 그런 삶을 살지 못했기 때문에 가장 후회되었을 수도 있다.

이 노래와 드라마를 보고 나서 나 또한 곰곰이 생각해보았다. 나는 내 아이에게 무슨 말을 해주고 싶을까? 나 역시 내 딸에게 "너의 삶을 살아라" 라고 이야기해주고 싶을 것 같다. 그렇다면 나 역시 그런 삶을 살아봐야 한다. "너의 삶을 살아라" 라는 말은 이기주의적인 삶을 살라는 말이 아니다. 나 자신에 대해서 충분히 생각해보고 나의 행복이 무엇인지 알아가면서 '나의 행복을 위해서 살아봐' 라는 이야기로 나는 해석했다.

그렇다면 나의 행복은 무엇일까? 내가 아이를 잘 키운다고 행복한 것일까? 아니면 돈을 많이 번다고 행복한 것일까? 각자가 생각하는 행복은 모두 다 다를 것이다. 어디에 가치를 두느냐에 따라 인생 자체가 달라진다. 나는 이런 귀한 결정을 자신만을 위해서 혹은 자녀만을 위해서 선택하지 않았으면 좋겠다. 여기 1년 살기 모임에 오신 모든 분들이 아마 나와 비슷한 생각일 것이다. 진짜 행복이 무엇인지 스스로 생각하고 자신의 인생을 다른 사람의 손에 맡기지 않는 사람들이다. 서툴지만 자신의 손으로 만들어가려고 한다. 이 길이 맞는지 아닌지 모르지만 부딪치며 찾아가는 중이다. 그리고 그 과정 속에서 자신을 찾고, 일을 찾고, 삶을 찾아간다.

그렇게 살아봤을 때 나중에 자녀에게도 "너의 삶을 살아라" 라는 말을 자신 있게 할 수 있을 것 같다. 인생의 의미를 찾는 것은 쉽지 않다. 많은 사람들이 삶의 의미를 찾기 위해 순례길도 돌고, 여행을 하면서 자신을 발견하고자 한다. 물론 그런 것도 필요하다. 하지만 벨기에의 극작가 모리스 마테를링크가 쓴 동화《파랑새》에서 틸틸과 미틸 남매가 꿈속에서 요정과 함께 찾으러 다닌 파랑새가 먼 곳이 아닌 곁에 있었던 것처럼, 행복이란 손이 미치지 않는 먼 곳에 있는 것이 아니라 우리들 가까이에 있는 것이다.

1년 살기를 통해서 우리는 우리 곁에 있는 파랑새를 보려고 한
다. 내 인생에 다시없을 1년 살기를 통해서 자신의 소명을 찾
고, 나아가 그것이 나비효과가 되어 자신뿐만 아니라 타인의
삶에도 영향을 주길 바란다. 개인적으로는 삶의 목적을 실현하
고 사회적으로는 의미 있는 일을 하는 것이지만, 우리의 1년 살
기가 각자의 처소에서 꽃피우게 되는 우리 모두의 사명이 되길
바란다.

▶ 딸 세인이가 그려준 엄마

이지영

(복선생)

현직 14년차 초등교사, 세 아이 엄마, 장녀, 장손며느리, 주말부부…. 숨막히는 타이틀 속에서도 매일을 긍정하며 특별하게 살아가는 복선생.

아이 셋 초보 엄마의 우여곡절을 겪으며 물 머금은 솜 마냥 축 늘어져 있던 시기가 계속될 때, 어깨가 땅끝에 들러붙어 도무지 한 발자국도 못 걷겠는 기분이 들었을 때 참 잘했던 것은 '1년 살기'를 시작한 거였다. 비슷한 또래의 아기 엄마들이 바쁘게 살면서도 꿈을 놓지 않는 모습을 보니 건강한 자극이 되었다. 다시 꿈을 꾸고 마음을 차곡차곡 다졌다. 감사꺼리를 매일 예민하게 찾기 시작했다. 이 아이들과 이대로가 충분함을 깨달았다. 모든 것을 다 잘하려고 하지 않으니 다 할 수 있었다.

'제대로 한 것 없이 종종거리며 살다 보니 1년이 벌써 흘렀다'가 아닌 '만족스럽게 크고 작은 꿈을 꾸며 살았다'고 되뇌는 의미 있는 1년을 만들 수 있었다.

3남매를 키우는 엄마,
초등교사입니다

***

이지영 (복선생)

***

우지직 쿵쾅. 첫째 출산 후 내게 들렸던 마음속 소리를 잊을 수 없다. 정말 세상이 뒤엎어지는 것 같은 인생의 변화와 충격을 맛보았다. 나의 브라 속은 텅텅 비게 되었고, 뱃살은 꽉 차게 되었다. 곰이 100일간 동굴에서 마늘과 쑥만 먹고 사람으로 태어난 것 마냥, 나도 집안에 갇혀서 말 못 하는 아이와 100일간 제대로 못 먹어가며 인내의 시간을 보냈다. 진정한 엄마로 태어나는 과정이겠거니 했는데, 고난의 100일 그 이후에도 썩 괜찮은 엄마로 변한 것 같지 않았다.

체력장 때 오래 매달리기 0초를 기록했던 나름 연약한 소녀였던 나는 10kg 훌쩍 넘는 아이를 각 한 팔로 안고 다녔다. 머리

카락은 강아지 털갈이하는 냥 후두둑 빠져서 가는 곳마다 나의 흔적을 남겼다. 자존감은 좌르르 무너지고 내 외모와 상황에 대해 초라함과 서글픔이 더해갔다. 집은 청소를 해봤자 순식간에 쓰나미 형국이었으며, 의미 없는 청소를 왜 하는 걸까 매일 나 자신에게 물었다. 세탁기가 이전 빨래를 토해내고 있는 중에도 수북하게 빨랫감이 쌓였다. 내가 미맹이었나 할 정도로 반찬 맛을 느끼지 못하고 5분 안에 모든 걸 쓸어 담았다. 꼭 그 짧은 식사 중간에 아이의 화장실 호출로 밥 먹던 중 변을 닦고, 다시 난 비위가 강하다고 자기체면을 걸면서 식사를 이어 나가는 게 부지기수였다. 어느 하루는 내가 아이들 대변을 몇 번 닦았는지 세어보니 열한 번. 일본에서 스모 선수 대변 닦아주는 직업이 극한 직업에 뽑혔다는 기사를 봤는데 엄마 역할도 그만큼 극하다 싶었다. 육아서에 나오는 참 좋은 단어들, '경청, 공감, 이해'는 내 육아에서는 살아 숨 쉬지 못했고, "이거 하면 사탕 줄게, 저거 하면 도깨비 온다" 등의 온갖 회유와 협박이 넘실댔다.

좌충우돌 초보 엄마 시기를 겪어나가면서, 어느새 나는 세 아이의 엄마가 되어 있었다. 셋 육아는 한 아이 육아 강도의 세

배가 아닌, 삼십 배 이상의 힘듦이었다. "셋째는 거저 키울 거야"라고 말했던 이를 찾아가서 따지고 싶었다. 다행히 셋째 출산 후 뇌도 함께 출산해버려서, 그 사람이 누군지 기억이 안 나 험한 일은 생기지 않았다. 나의 건망증은 날이 갈수록 더해져서, 내 소지품을 사지 어딘가에 묶어놔야 안심이 될 지경에 이르렀다. 한 끼에 여러 종류의 식사를 준비해야 할 때(분유, 초기 이유식, 초기 유아식단, 그리고 어른 식사) 차라리 세 쌍둥이면 좋겠다며 울부짖었다. 주말 부부라 혼자 셋을 업고 안고 다니니 애 셋 미혼모인 줄 오해도 받았다. 세 아이를 데리고 다니면, 딱한 눈빛과 관심 폭탄을 동시에 맞았다. "부부 사이 좋았나 봐요" "부자인가 봐요" 등의 이야기를 들었다. 그저 내 자궁이 따뜻함을 물려받았고, 자식 만드는 적중률이 높았을 뿐인데 말이다.

9년의 육아휴직 보장이 되어 있어도 세 아이 벌어먹이려고 꿈도 꾸지 못했다. 육아와 직장 사이에서의 균형은 계속 어그러졌다. 둘의 양립은커녕, 회식에도, 아이 공개수업에도 참여하지 못했다. 이도저도 아닌 것 같고 온갖 피해의식, 죄책감이 뒤엉켜서 어디서부터 풀어야 할지도 몰랐다. 항상 바쁜 엄마를 보며 기다림에 익숙한 아이들이 짠해서 눈물이 났다. 체력은 백 프로 풀로 다 가동해도 해야 할 일들은 가득 남아 있었다. 퇴근하고 와서 1초 단위로 집 안에서 동동 뛰어다녔다. 다 필요 없고 건강만 해라 하다가도 또 죽순 돋듯 삐죽 엄마의 욕심이 생겨났다. 감정 섞인 육아를 하고 있는 나를 발견하면 부끄러워 숨고 싶었다. 나와 아이들 마음이 수시로 바스락 부서졌다. 다른 아이랑 비교하는 큰 실수를 하다가 아이의 예쁜 모습을 놓치기도 했다. 훈육의 강도와 방향을 지혜롭게 판단하기 어려워 하루에도 몇 번씩 아이를 안고 울었다. 육아에 객관식 5지선다 문제마냥 정답이 있다면 아무리 어려워도 정말 달달 공부할 자신 있는데… 아이들 머리수만큼 다른 답이 존재하고, 한 아이도 시기, 상황에 따라 또 수많은 답이 가지쳐 있었다.

*

처음 엄마와 뼛속까지 엄마 사이

*

초보 엄마의 우여곡절을 겪고 물 머금은 솜 마냥 축 늘어져 있던 시기가 계속되었다. 어깨가 땅끝에 들러붙어 도무지 한 발자국도 못 걷겠는 기분이 드는 순간에 참 잘했던 것은 '1년 살기'를 시작한 것이었다. 나와 같은 아기 엄마들이 바쁘게 살면서도 꿈을 놓지 않는 모습을 보니 건강한 자극이 되었다. 다시 꿈을 꾸고 내 마음을 차곡차곡 다졌다. 나의 결여에 집중해 낙심하지 않고, 나 자신을 정말 열심히 토닥여주고 포용해주었다. 난 충분히 좋은 엄마다, 나는 잘하고 있다, "긍정 파워!" 외치며, 날 계속 믿고 응원해주면 이런 진흙탕 같은 육아에도 예쁜 결실이 있음을 믿게 되었다. 그러다 보니 힘든 상황에서도 꽤나 긍정적이고 밝은 면만 보려는 씩씩한 자존감을 지닌 내 모습을 발견했다. 아이의 미소, 작은 대화 등 소소하고 작은 것에서 그 힘이 채워졌다.

이 시기에 읽은 책《나는 뻔뻔한 엄마가 되기로 했다》는 좀 더 편안한 육아를 할 수 있게 도와주었다. 저자는 좋은 엄마가 되려고 내 삶의 즐거움을 놓치지 말라고 충고해준다. 60점짜리 엄마면 충분하다고, 좀 더 게으르고, 부족하고, 이기적이고, 뻔뻔하면 어떠냐고. 할 수 없는 것은 과감히 내려놓고 엄마가 여유로워야 아이도 그 빈공간에 자신을 펼친다고 했다. 엄마가 가장 먼저 아끼고 사랑해야 할 사람은 자기 자신이라고 했다. 그래, 내게 주어진 모든 역할에서 다 백점 맞으려 애쓰지 말자.

일도 육아도 어느 정도는 내려놓고, 고단하면 좀 쉬고, 덜 애쓰며 살았다. 실패라고 느껴지는 날에는 "오늘은 패스!" 하면서 넘겼다. 지쳤다는 신호가 왔을 때엔 모든 걸 과감히 내려놓고 햇살 듬뿍 등에 받으면서 느슨한 하루를 보냈다. 생산적인 일 말고, 소비적인 일을 했다. 내가 좋아하는 것들로 가득찬 나만을 생각하고 아끼는 시간을 주기적으로 가졌다. 어느 날은 얼굴에 기름이 동동 떠서 파전을 부쳐 먹어도 될 만큼 안 씻고는 이불을 푹 덮어쓰고 좋아하는 드라마를 밤새워 봤다. 좋아하는 음악을 꽉 채워 나와 집 앞을 무작정 걷기도 했다. 짧지만 굵게, 나만의 흥청망청 시간을 통해 다시 육아를 해낼 힘을 만들어냈다.

그러자 진심으로 행복한 육아가 가능해졌다. 아이가 셋이다 보니 더 넉넉하게 행복했고, 감사거리도 세 배가 되었다. 말썽피우는 동생들과 어리버리한 엄마를 품어주는 첫째는 월요병으로 힘없이 출근하는 엄마에게 월요팅! 하며 야무진 응원을 해준다. 둘째 아들의 갑자기 내뱉는 "엄마, 오늘 치마 입으니 예쁘네," 하는 소리에 두근거리기도 한다. 막내의 "따땅해요. 때땅에서 때일" 하는 여물지 않은 애교도 듣는다.

아이를 키우다 보면 지나간 아가 시절이 그리울 텐데 아직 시큼한 아기 발냄새도 맡을 수 있고, 통통하고 몰랑한 아기살도 만질 수 있고, 성인친구마냥 즐거운 대화도 나눌 수 있다. 일타쓰리피의 기쁨을 누리게 되었다.

인생사 별 거 있나. 힘든 일도 어차피 지나고 보면 후훗 웃고 지나갈 추억이 된다. 지금은 날 삼킬 것 같은 큰 염려들도 흘러가고 멀찍이서 보면 별 것이 아니다. 너무 애써서 아이를 키울 필요도 없다. 아이들은 믿는 만큼 스스로 잘 성장하고 있다. 직장 나가는 것에 대해 맞고 틀리고의 답에도 연연하지 않기로 했다. 일하는 엄마의 죄스러운 마음을 거두었다. 함께 있을 때 더 진하게 사랑해주면 된다. 못하는 것은 과감히 내려놓았다. 주변 가족과 이웃의 도움을 최대한 끌어왔다. 살림에 소질이 없는 건 각종 최신 가전제품(일명 샤모님)이 해주었다. "엄마가 널 위해 희생했는데, 널 어떻게 키웠는데 이럴 수가!" 라는 뻔한 레퍼토리를 외치지 않아야지 생각했다. 아이 때문에 못 했다고 원망하지 않게, 아기 띠 매달고 유모차 밀며 애 셋을 데리고 역마살 걸린 사람 마냥 돌아다녔다. 남들이 "저러고 굳이 외출을 하냐" 했지만 남의 시선 다 닫고 집 없는 사람 마냥 열심히 외출했다. 오늘의 즐거움을 훗날 아이가 컸을 때로 미루지 않겠다고 다짐했다. 물론 지금의 즐거움을 누리려고 애썼지만 육아는 역시 평탄치 않다. 육아가 할 만하다 싶다가도 금방 또 다른 고비가 롤러코스터를 타듯 찾아온다. 그러나 분명한 것은 점점 감정의 고비를 더 빨리 넘기게 되고 업다운 곡선이 원만해졌다.

엄마라는 타이틀이 그 어떤 세상 직위보다 자랑스럽고 좋다. 내 뜻대로 되는 게 없는 수동태 인생 속에서 진한 행복을 누리게 해주는 세 아이들. 예상할 수 없을 만큼 힘들었는데, 예상하지 못할 만큼의 행복과 보람을 주었다. 마음가짐 하나로, 이렇게 육아의 결이 달라지는구나, 놀라웠다. 가장 나이 어리고 가장 친한, 평생의 소중한 친구 셋. 이들을 세상에 존재할 수 있게 한 것이 내가 세상에서 태어나서 가장 잘한 일이었다.

*

평범한 추억과 표현하는 사랑의 힘

*

가만히 내 어린 시절을 생각해보면 큰 사건 아닌 작고 평범한 일상들이 따뜻한 잔상으로 남아 있다. 비오는 날 엄마가 우산 들고 서 계시다가 날 보고 두 팔 벌려주시면 그 품안에 포옥 뛰어가 안겼던 기억, 엄마 품에 파고들 때 나던 특유의 고춧가루 바짝 마른 냄새, 뜨개질로 담임 선생님과 아이들의 감탄을 자아낸 옷을 만들어주셔서 자랑스러웠던 기억, 엄마가 포도알 총총히 달린 머리끈으로 매일 딸의 주문대로 정성껏 머리를 묶어주셨던 기억, 엄마랑 같이 머핀 만들 때 초콜릿을 넣을까 젤리를 넣을까 고민했던 기억, 엄마가 직접 튀겨준 치킨에 붓솔로 매콤달콤 빠알간 양념을 바르던 기억, 아빠가 항상 덜 깎은 까끌한 턱수염으로 내 볼을 비벼댔던 느낌, 그렇게 많이 뽀뽀하다간 볼 닳겠다고 했던 엄마의 웃음 섞인 잔소리, 어린 시절 즐거운 기억들이 목걸이 사탕마냥 계속 줄줄이 생각난다. 참으로 평범했던 일상의 하루, 대화, 눈빛… 대표적으로 생각나는 어린 시절의 기억을 떠올리면서 우리 아이들도 더 많이 눈 맞춰주고 웃어줘야겠다고 마음먹었다. 지금 나와 나누는 대화와 눈빛이 오래 기억에 남을 수 있으니까. 지금을 더 꽉 차게 소중히 살아내야겠다고 다짐했다.

나의 아이들은 날 어떻게 기억해줄까. 쫄바지를 가슴께까지 올려 입고 우스꽝스런 엉덩이춤을 추어서 웃게 만들었던 엄마, 좋아하는 음악 리스트들을 틀어 이어폰에 한 쪽씩 나눠서 끼고 같이 들었던 엄마, 책을 좋아했고 책 읽어주는 걸 좋아했던 엄마, 이쁜 경치에 자주 감탄했고 맛있는 음식에 쉽게 감동했던 엄마, 자주 뜬금없이 사랑고백을 날리던 엄마, 갑자기 여행 가자면서 짐을 싸고 기차를 타고 버스를 탔던 용감한 엄마, 어떤 상황에서든 씩씩하고 많이 웃었던 엄마로 기억해주면 좋겠다. 계속 엄마 품, 엄마 냄새를 그리워해주면 좋겠다.

예쁜 언어, 따스한 스킨십을 먹고 자란 아이는 '정서적 금수저'로 자란다고 했다. 아이를 안으면 나 또한 묘한 안도감과 감격이 넘쳤다. 그래서 수시로 안아주고 또 안겼다. 엄마 품을 징그러워하기 전까지는 열심히 안아줄 거다. 아이의 이곳저곳에 엄마 뽀뽀를 덮어줄 거다. 나의 품이 우리 아이들에게 위안이 되면 좋겠다. 우리 아이들 힘들고 지칠 때 엄마한테 와서 안겨줬음 좋겠다. 엄마의 품 안에서 항상 전적으로 우리 아가들 편이라는 걸 말 없이도 느낄 수 있길, 수시로 너의 존재 그 자체가 고맙고 사랑스럽다고 고백할 것이다. 이러한 표현하는 사랑, 풍부한 스킨십이 쌓여서 서로 간의 신뢰의 힘이 되어줄 것이다. 각 성장의 단계마다 엄마랑 사이가 안 좋은 위기가 와도 유연히 넘어가줄 것이다. 행복한 삶을 살아내는 방법을 가장 가까이에서 보여주리. 몸도 마음도 건강한 엄마가 되어 이 아이들의 이정표 역할을 해내야지. 내가 하는 모든 것이 아이에게 그대로 흡수됨을 알기에 나는 오늘도 부드러운 말투로, 따뜻한 시선으로, 행복한 마음으로 내 보물들에게 사랑을 표현한다.

*

부모님의 울타리

*

아버지가 작년 초에 지병으로 두세 번 쓰러지셨다. 근무 중에 아버지가 응급차에 실려 병원으로 이송되었단 말을 듣고, 얼마나 마음이 캄캄해졌었는지. 다행히 몇 주 후 퇴원하셨지만 관리가 조금만 소홀해도 다시 위험해질 수 있는 상황이기에 항상 살얼음을 걷는 것 같다.

나의 부모님이 세상에 없을 수도 있다는 사실을 알게 된 이후, 삶이 확연히 달라졌다. 선물로 더 얻게 된 시간이라고 생각하니 옆도 보고 뒤도 돌아보며, 주어진 이 하루를 귀하게 여기게 되었다. 내 머리가 희끗해졌을 때까지도 양가 부모님이 건강하시고,

무탈하게 행복한 추억 많이 만들면서 살고 싶다. 오래오래 큰딸이 부리는 투정도 허락해주시면서 서로 더 많이 사랑하며 건강하게 하루를 살아냈음 좋겠다.

40살 즈음의 어른이 되어서야 이제야 내리 사랑에 눈을 뜨다니. 내 안에 아이 셋을 품을 만큼의 풍족한 사랑의 출처는 부모님이라는 것을 깨달았다. 내 마음은 부모님의 사랑으로 꽉 차서 건강할 수 있었다. 부모님을 생각하면 파블로프의 개 마냥 자동적으로 눈가가 촉촉해진다. 내가 엄마가 되어서야 진심으로 느끼게 되는 부모님의 깊은 수고와 헌신. 내가 어른이 되어서도 묵묵히 계속 부모님은 딸을 사랑하고 헌신하신다. 무조건적 사랑, 모든 걸 내어줄 수 있는 사랑, 아낌없이 주는 나무 같은 부모님. 손목 발목 허리 성한 곳이 없어 항상 죄스럽지만 그럼에도 불구하고 여전히 기댈 곳은 부모님뿐이다. 손주를 사랑으로 키워주시고, 살림을 도와주시면서도 힘든 내색 안 하시는, 큰 희생을 기쁨으로 기꺼이 해주시는 부모님. 부모님의 존재는 정말 내게 천군만마다. 우리의 부모님이 그러셨던 것처럼 우리 부부도 아이들에게 따뜻하고 튼튼한 울타리가 되어주고 싶다. 부모님을 떠올리며 좋아하는 가수 린의 '엄마의 꿈'이란

노래 가사를 읊어본다.

'처음부터 그냥 내 엄마로 태어난 게 아닐 텐데. 묻고 싶어. 엄마이기 전에 꼭 지키고 싶었을 꿈 … (중략) … 어쩌면 엄마는 내 행복만을 바라다 하얀 새처럼 날아가 버릴 텐데. 미안해요. 이제 와서 새삼스레 꿈을 묻는 게. 지난 얘기라며 잊었다지만. 심었던 꿈이 내게 와서 꽃을 피우게 내가 더 잘 살게요, 엄마.'

*

기록병자와 육아일기 전도사 사이

*

지금껏 살면서 감동적인 순간, 잊지 못할 것 같은 순간이 몇 있었다. "넌 두 번 프로포즈 받아야 할 사람이야" 하면서 내게 무릎 꿇고 편지를 읽어주던 남편의 미소, 심장이 두 개인 시절을 지나 드디어 나의 아이와 눈 마주쳤던 순간, 이렇게 행복했던 기억은 평생 기억에 남을 것이라 장담했다.

그런데 바쁘게 살다보니 그렇게 소중했던 기억들도 점차 흐릿해졌다. '아이를 기르면서 꼭 기억하고픈 반짝이는 순간들이 많은데 잊혀지면 어떡하지.' 향긋한 기억들이 바래지지 않도록 지금의 순간을 기록해놓고 싶다는 생각이 들었다. 과거의 예쁜 추억들만큼 내 현재 삶에 힘이 되어주는 게 없다는 것을 확실히 알게 되었다. 살면서 힘들 때 행복한 기억을 꺼내먹으면 다시 배불러지고 든든해졌다.

그때부터 기록병자가 된 것 같다. 한 줄이라도 블로그에든 메모장에든 매일 썼다. 감사 노트를 적었고 아이와의 하루를 다이어리에 기록했다. 하루가 다르게 자라나는 아이의 사진을 매일 블로그에 저장했다. 기록병 걸린 것 마냥 열심히 매일을 기록했다. 기억하기 위해 기록했다. 누가 읽어주든 말든, 잘 쓰든 못 쓰든, 씩씩하게 글을 썼다.

기록하는 것은 나의 작은 습관이 되었다. 출근해서 가장 먼저 하는 것은 포스트잇에 그날의 할 일 적기, 일의 우선순위 표시하기였다. 기록하고 정리하니, 하루의 중요한 일들을 먼저 차근차근 처리해낼 수 있었다. 글 쓰는 것과 더불어 책 읽는 것도 참 좋아했다. 책을 읽으면서 육아를 행복하게 해낼 에너지를 충전하곤 했다. 매일 아침을 독서로 시작하면 그날 하루 받아들이는 마음이 달라졌다. 내 아이도 책을 가까이 했음 했다.

가슴이 찌릿해지는 책을 읽을 때마다 내 아이들도 이 책을 읽었으면 좋겠다고 생각했다. 책에서 주는 지혜, 감동을 아이들과도 함께하고 싶었다. 살면서 힘든 일이 있을 때 좋은 책에 기대어 훌훌 털고 건강하게 이겨내길 바랐다. 그래서 시작한 '내 아이에게 매일 한 권 책 처방전,' 이 공간에 차근차근 소중한 사람들과 공유하고픈 책을 기록하기 시작했다. 누가 시키지 않은 혼자만의 도전을 시작했다.

나 혼자 쓰는데 그치지 않고 엄마들의 육아일기를 응원하는 일기 전도사가 되었다. 지인들에게 육아일기를 쓰자고 말했다. 자신이 자라온 모습을 따스한 시선으로 소중히 간직해온 것에 대해 아이들이 얼마나 기뻐할까, 성장의 기록을 차곡차곡 간직하는 것은 엄마가 해줄 수 있는 작지만 중요한 일이라고 생각했다. 점점 같이 육아일기를 쓰는 동지들이 많이 생겨났다. 그러면서 1년 살기 멤버와의 인연도 시작되었다. 온라인 육아일기를 쓰는 공간에서 만나서 1년 살기 오프라인 모임에 참여하게 되었다.

그후 1년, 난 가장 벅찬 한 해를 만들었다. 매일 기록하는 작은 습관이 쌓이니, 강의 제안도 받고, 나의 책을 출판해보게 되고,

문제집 집필도 해보고, 점점 더 큰 도전이 가능하게 되었다. 매일의 쓰기 습관이 내가 마음껏 꿈꿀 수 있는 마중물이 되어준 것이다. 습관 하나가 생겼을 뿐인데 내 인생의 많은 부분이 바뀌었다. 초반에 각 아이마다 출판한 매년 여러 권의 육아일기들, 블로그 속 꾸준히 담은 일상의 사진들은 이제 무엇과도 바꿀 수 없는 나의 1호 보물상자가 되었다. 아이들은 자신들의 육아일기를 비싸게 산 명작 동화 전집보다 더 자주 꺼내 읽는다. 내가 좋아서 시작한 일인데, 모두에게 좋은 일이 되었다.

꾸준히 글을 쓸 수 있었던 원천은 나의 아이들이었다. 너무 예쁘고 재미난 주인공이 있고, 시트콤 같은 일상의 이야기꺼리가 있는데 어찌 기록하지 않을 수 있는가. 앞으로도 유쾌한 행동들, 사랑스러운 말들을 최대한 빠트리지 않고 기록할 것이다. 그 순간을 누리는 엄마로서의 내가 얼마나 행복했는지도 모두 다 말이다. '가족'이라는 책의 페이지를 차곡차곡 늘리는 재미는 정말 엄청나다. 그래서 오늘도 눈 뜨자마자 일기를 쓰는 엄마 작가가 된다.

말갛던 꿈과 또렷한 현실 사이

내 인생의 꼭짓점 중 하나가, 평생 꿈꾸던 자리, 아이를 가르치는 교사가 된 것이다. 아이들 책상 하나씩 붙들고 기도하며 하루를 시작하고, 무엇이든 열정적으로 시도했던, 실수도 했지만 신규의 이름으로 다 용서되었던 그 시절, 잘하는 것을 좋아하는 것이 참 감사했다. 이것이 내 소명이고 평생의 직업이라는 것이 정말 감사했다. 그런데 교사 10년 차가 훌쩍 넘어가면서 초심은 점점 흐릿해지고 현실에 안주하기 시작했다. 예스맨에게 매해 더 쌓여가는 업무에 치여 정작 수업을 열심히 꾸리지 못했다. 매일 짝사랑만 하고 있자니 억울함이 늘어갔다. 편하게 무탈하게 하루가 지나가는 것으로 만족했다. 《그릿》의 저자는 한순간 미친 듯이 좋아하는 것은 설렘이지, 열정이 아니라고 했는데 내가 딱 그 짝이었다. 내 남은 일생 모든 열정을 계속 부어도 아깝지 않다고 자부했던 직업이 이렇게 의미 없어졌다. 꿈이 이루어졌다고 꿈꾸는 것을 멈춰서는 안 되는데 말이다.

그러다가 나의 1년 살기를 시작하게 되었고, 다시 꿈꾸는 교사가 되었다. 꿈을 꾸게 되었다는 것이 거창한 건 아니었다. 가시적인 큰 변화는 없었지만 그저 지금 주어진 상황 속 내 태도와 마음이 바뀌었다. 같은 교실 환경, 같은 아이들이고 오히려 더 바빠졌지만, 그 전처럼 도망치거나 힘들어하지 않게 되었다.

내가 꿈꾸고 행복해할 수 있었던 1년 살기 프로젝트. 나의 아이들과도 함께하고 싶었다. 아이들 역시 1년 후 이루고픈 목표를 세우고, 그것을 매달 점검하고 서로 응원하는 꿈 수업을 시작했다. 매주, 매달의 공부, 운동, 독서 계획을 세우는 참사랑 플래너 쓰기, 알림장에 감사 한 문장 적기, 자기 주도적 노트 쓰기, 내 인생의 why, 만다라트, 과거와 미래 여행 등의 활동을 진행했다. 일상을 감사할 줄 아는 아이들이 되길 바랐다. 작은 계획들을 단계적으로 짜고, 이것을 이뤘을 때의 쾌감을 느끼길 바랐다. 그 다양한 성공경험이 아이들의 자존감을 높여주는 역할을 하길 바랐다. 무엇보다 1년 동안 포기하지 않고 꾸준히 하여 습관을 만들길 바랐다. 1년이란 시간은 좋은 습관을 만들고 정착시키는데 충분한 시간이라고 독려하였다. 파스칼의 "습관은 제2의 천성으로 제1의 천성을 파괴한다"는 말처럼 지속적인 노력으로 건강한 습관을 지켜내는 것이 중요함을 알려주었다. 한 해 맡겨진 아이들의 비전을 같이 탐색해보고 매일을 가치 있게 살게 해주는데 도움을 주고 싶었다.

20평 남짓한 교실에서 과밀 학급이라 30명이 훌쩍 넘는 사춘기 호르몬 내 풀풀 풍기는 혈기 왕성한 아이들을 상대하는 일은 절대 평온하지만은 않다. 쉽지 않은 요즘 학교 현실에서, 아이들과 1년 살기를 통해 이상과 현실의 온도 차이를 줄이고 있다. 아이랑 매일 나누는 대화가 즐겁고, 학교에 어서 가서 아이들을 만나고 싶다. 아이들과 주고받는 유머가 쿵짝이 잘 맞아서 깔깔 웃으면서 재밌어 한다. 아이들과 활동할 때 즐거워서 반짝거리는 눈빛을 보면서 수업 준비한 보람을 느낀다.
정말 아이들이 내 자식처럼 사랑스러웠다. 아이들의 감정과 마음을 읽어주면 아이들은 어린 양 마냥 온순해지고 내게 마음을 열어주었다.
애쓰지 않아도 존재 그대로 예쁜 아이들, 올해도 이 아이들과 자주 웃고 행복해하며 꿈꾸는 1년 살기 중이다.

그 사이를 메꿔주는 통로, 1년 살기

*

세 아이 엄마, 교사, 장녀, 장손며느리, 주말부부… 듣기만 해도 숨이 턱 막히는 타이틀. 내게 맡겨진 책임들이 감사함보다는 버거움으로 다가왔다. 삶의 무게 속에서 방황하던 차에 우연히 합류하게 된 1년 살기 모임. 그곳에서 좋은 사람들을 만나고, 게으름과 분주함이 혼재된 삶 속에서 균형 맞추는 법을 알게 되었다. 내 인생을 차분히 정리하고 한 걸음 나아가는 계기를 만들어준 고마운 모임, 1년 살기.

멤버들은 다들 치열한 삶, 육아 중에도 꿈 꾸는 것을 멈추지 않으려고 노력하고 있었다. 자신의 모습 찾기에 힘쓰고 서로 응원해주며 서로의 성장에 발판이 되어주었다. 이미 많은 결실을 낸 분이나 과정 중에 계신 분 모두 어제보다 오늘이 조금 더 나아지려고 노력하셨다. 그 노력의 이유가 남보다 잘나고 싶어서가 아닌 나의 행복에 초점이 맞춰져 있었다. 모두들 참 멋졌다.

새로운 한 해가 다가올 때면 나는 과한 의지에 의욕만 앞서고 실행력 꽝인 나 자신에게 실망을 했다. 늘 후회와 반성으로 끝나는 연말이었지만 1년 살기를 시작하면서는 조금 달랐다. 물론 반 정도는 또 지켜지지 않은 채 흘러갔지만 나에게 박수 쳐주는 순간이 더 많이 쌓여갔다. 1년의 목표를 여러 사람들 앞에서 공표하고 이를 성취하기 위해 매달의 작은 목표를 성취하는 것을 반복해 나가니 전과는 다른 삶을 살아낼 수 있었다.

멤버들끼리 추천한 책들을 나누고, 어느 해보다 바빴음에도 책도 더 많이 읽었다. 그냥 읽었네, 하는 나의 만족으로 끝나지 않고 기록하며 꾸준히 저장했다. 개인적으로는 streaks라는 습관 추적기 어플을 사용해서 하루 책읽기 시간과 운동 시간을 설정해두었다. 시간 설정을 해두니 우선순위가 생기고, 꾸준히 해나가는 것에 탄력이 붙었다.

나의 1년 목표의 큰 줄기는 마음 건강, 몸 건강, 꿈 건강이었다. 그 중 꿈 건강의 가장 큰 부분인 '여행하며 살기'도 차근차근 진행시켰다. 시한부 선고를 받았을 때 내가 가장 먼저 했을 행동을 생각해보았는데, 여지없이 가족들과의 여행 계획을 짜고 있을 정도로 여행을 사랑했다. "외국에 사는 것은, 모든 것을 모험으로 만들어준다"라는 벽보 글처럼 평생 어드벤처를 하고 싶었다. 혼자서 떠난 유럽 여행에서는 아무도 나를 모르는 그 세계에 첫 발을 내밀었던 설렘이 좋았다. 하나님이 지으셨다고밖에 생각 안 되는 장엄하고 눈부시게 아름다운 캐나다의 대자연 앞에서는 숨이 막혔다. 떠올리면 그냥 입꼬리가 올라가고 뭉클해지는 추억도 켜켜이 가지게 되었다. 호주 교환교사 시절에는 호주 아이들의 글로벌한 비전과 이방인에게 베푸는 순수한 사랑을 보며 감탄을 했다.

아이를 낳고는 내 몸뚱아리 하나 책임지는 젊은 시절 때보다는 여행하기가 쉽지 않았지만, 어떻게든 매해 떠났다. 바쁜 일상 중에서 여행의 결심을 실행에 옮기는 건 어려웠지만, 떠나고 나면 항상 옳았다. 여행 메이트 역할을 기특하게 제대로 해주는 아이들. 앞으로의 여행이 더욱 기대된다. 우리의 여행을 세세히 기억하지 못하더라도, 희미하게라도 행복했던 느낌이 쌓여서 아이들이 자라는 데 밑거름이 될 것이다.
가보고 싶은 나라도 한가득이다. 우크라이나의 사랑의 터널도 가보고, 이탈리아의 미글리아리노 공원도 가고 싶고, 크리스마스엔 코펜하겐의 티볼리도 가보고 싶다. 아이와 사진기 들고, 예쁜 장소와 사람들을 담아 함께 포토 에세이를 내봐야지. 훗

날 가족과 함께했던 여행을 그리워할 만한 순간을 많이 만들어
줘야지. 그러려면 진짜 몸과 마음이 젊도록 노력해야겠다.

*

나깨순과 줌마벤저스 바디프로필 프로젝트

*

꾸역꾸역 세 아이들을 이곳저곳에 맡기고, 1년 살기 모임 날 만
큼은 온전히 나에게 집중하는 시간을 가졌다. 꽉 찬 삶을 사는
사람들이 뿜어내는 에너지는 컸고, 이러한 사람들이 한데 모
인 모임의 힘은 상상 이상으로 대단했다. 다양한 프로젝트들을
함께했는데 아침에 자신을 돌아보는 시간을 갖는 나깨순(나를
깨우는 순간)이 그 중 하나다.

육아를 하다가 일을 하다가 감정의 폭풍우가 휘몰아치면, 나깨
순 노트를 열었다. 노트의 첫 페이지에 나를 위한 기도가 적혀
있다. 마지막 문장 "난 이미 잘하고 있다. 정말 잘하고 있다"를
읽다 보면 글자가 날 담요처럼 따스하게 덮어주는 것을 느낀
다. 어느 날의 주제는 내 어린 시절의 보물을 적어보는 것이라,
덕분에 회색 먼지 덮인 그 당시 수집했던 만화책을 꺼내어 다
시 읽어보기도 했다. 나의 why를 찾는 날엔, "엄마 같이 살 거

야" 란 딸의 말에 온몸 떨리게 행복했던 기억을 되살리며, 아이들이 자랑스러워하는 엄마가 되어야겠단 다짐을 거듭했다. 돈에서 자유롭다면 현재 하고 싶은 것을 적는 날엔, 유럽 바닷가 근처에 마련한 내 집 앞 벤치에서 햇빛을 등에 두르고 책을 읽다가 잠시 고개를 들면 세 아이들이 반짝이는 해변에서 뛰어노는 장면을 떠올리며 빙구 웃음을 짓기도 했다.

젊은 시절엔 무엇을 소중히 여겼고, 어떤 꿈을 꾸었는지 과거 여행을 했다. 그러다가 아픈 곳을 발견하면 정성껏 토닥여주고 위로해주었다. 주저리 속상한 기분도 줄줄 적어보고 함께 나누면서 나의 분노 퓨즈를 끊었다. 감정이 고여서 곪아 터지지 않게 조절해주는 게 바로 함께 쓰기의 힘이라는 것을 느낄 수 있었다.

내가 참여한 또 다른 프로젝트는 일명 '줌마벤저스 바디프로필 프로젝트'다. 3,40대 아줌마들이 의기투합하여, 아줌마 시절의 리즈를 기록하기 위한 바디프로필을 찍기로 했다. 의지가 약해지기 전에 일찍이 환불 불가한 촬영 비용을 걸어놓고 함께 다이어트를 시작했다. 내 인생 최고의 몸매를 만들기 위해, 숨쉬기 외에는 운동을 질색하던 내가 주 3회 꾸준히 운동을 했다.

사실 몇 년 전까지만 해도 며칠 밤을 새도 끄떡없던 강철 체력을 자랑하며 누구보다 건강하다고 자부했다. 그런데 아이를 출산하면서 풍선처럼 부푼 뱃살을 갖게 되고, 쉽게 수시로 체력이 방전되는 내 모습을 보게 되었다. 아무리 먹어도 빼빼 마른 체형을 유지했던 내가 출산 후에는 전날 먹은 음식이 온몸과 얼굴로 먹은 냥 차곡차곡 살로 보태지는 것을 보고 충격을 받

◀ 8살 세하가 그린 엄마, 복선생

았다. 출산 후 치골통으로 삶의 질이 곤두박질치는 걸 보면서, 몸의 경고를 함부로 넘기지 말아야겠다고 느꼈다.

아이 셋 엄마의 필수 조건 '절대 아프지 않기'를 지켜내기 위해 필요보다 더 붙어 있는 살과의 전쟁을 선포했다. 직장 끝나고 오면 애들 밥 먹이고 잘 준비하느라 바쁜데 무슨 운동이냐며 지레 포기했다. 그런데 할 수 있는 것에 초점을 맞추니 의외로 많았다. 출퇴근 때 계단을 오르내리는 것도, 자기 전 스트레칭도, 아이들 재우고 집 앞 필라테스 학원에 다녀오는 것도 마음만 바꾸면 다 가능한 일이었다. 땅끄부부, 주원홈트 등 좋다는 영상들을 보며 자기 전 조금씩 운동했다. 매일, 조금씩이라도, 꼭, 야금야금.

하루 30분씩이라도 30일이 쌓이면 분명 그 30분의 대가는 크다. 나 혼자 노력했으면 길게 가지 못했을 다짐인데, 멤버들과 매일 먹은 식단과 몸무게 변화를 공유하며 격려했다. 육아 동지들과 느리게, 꾸준히 실천해가고 있다. 아이를 양 어깨에 안고 찍어보자고도 하고, 그 사진들로 달력을 만들자고도 했다.

나에게 주는 상장을 만들어 한 해의 끝에 상장 수여식도 했다.

서로의 성장을 진심으로 축하했다. 나의 비전보드도 만들어서 책상 앞에 붙여두고 수시로 보기로 했다. 한 번도 명함을 가진 적이 없었는데 재능기부를 통해 '세 아이 엄마'라는 멋진 타이틀의 명함도 만들었다. 누군가 어떤 상황으로 힘들어하면, 도움이 될 만한 책 구절을 찍어 보내주었다. 그 어느 위로보다 힘이 되었다. 경력 단절 여성들을 도울 방법을 의논해보기도 하고, 다이어리도 만들어보기로 했다. 여럿이 모이면 참 끊임없이 무언가를 저지르려고 하는 용기가 생겨 즐겁다.

그리고 우리는 이렇게 책을 썼고 공저 이름이 박힌 책을 출판하게 되었다. 1년의 완주, 그 끝에 또 우리 줌마벤저스는 어떤 일을 벌일지 궁금하다.

PART 2

나의 속도를
유지하며
살아보기

김지혜

(연꽃 만난 바람처럼)

발레리나가 될 거라 믿어 의심치 않다가 십자인대 파열로 방황, 엉뚱하게 미스코리아 대회에 나가 서울 진에 당선되었다. 이후 아나운서로 사회생활을 시작해 야당 부대변인으로 활동하기도 했다.

운명처럼 비행기 옆자리에 앉은 남자와 결혼하고 이틀 만에 일본으로 떠났다. 할 줄 아는 요리라고는 라면이 전부인 상태로 결혼했는데 설상가상 이유식이 필요한 첫 육아는 영국에서 홀로 시작해야 했다.

해도 해도 익숙해지지 않는 살림과 육아에 지쳐가던 2018년 가을, 일면식도 없는 사람들의 모임에 참여하게 되었다. 뭔가 생산적이고 반짝이는 사람들이 모이는 곳 같아 보였지만 마음 한구석에는 '사람이 바닥을 기게 되면 이런 데까지 나오게 되는구나' 하며 나간 자리이기도 했다. 내가 만난 '1년 살기' 모임의 시작은 적어도 그러했다. 내 자아는 왜 그렇게 바닥까지 쳐야 했을까? 결혼 전의 나는 반짝반짝했는데.

결혼 9년차인데도 가족들과 함께가 아닌 나만의 시간을 갖는 것이 여전히 어색했던 작년 10월, 나는 미안한 마음에 새벽부터 일어나 아이들과 남편의 밥과 간식까지 차려놓고 현관을 나섰다.

반짝반짝 미스코리아,
끝이 없는 부모학교에 입학하다

* * *

김지혜 (연꽃 만난 바람처럼)

* * * * *

오늘도 4살 딸의 뭉개진 응가를 닦기 위해 어김없이 물티슈를 뽑아들었다.

물티슈 뚜껑을 열자마자 문득 눈에 들어오는 글귀.

"애쓰지 않아도 당신은 이미 좋은 엄마에요."

과연 나는 좋은 엄마일까?

아직도 나는 자식보다 나를 더 사랑하는 것 같은데? 애들한테 이렇게 짜증도 잘 내는데? 남편 들으란 듯이 "힘들어 죽겠어"라는 말을 입버릇처럼 달고 사는 데도?

나는 결혼한 지 이틀 만에 모든 환경이 뒤바뀌어버렸다. 누군가와 평생을 함께 살아야 한다는 것도 낯선 일인데 일본에 가서 살아야 했다. 두 시간 거리의 가까운 나라였지만 외국은 외국이었다. 무엇보다 언어가 자유롭지 못하니 직업을 얻을 수 있는 것도 아니어서 그냥 집에만 있어야 했다.

환경에 적응하는 게 우선이었다. 일단 동네 지리 익히는 데도 한참 걸렸으니까.

1970년대 후반에서 80년대 초중반에 여성으로 태어난 세대의 특성을 책에서 읽은 적이 있다. 그들의 부모는 당장의 생계와 끼니가 걱정이었던 시대에 살았기 때문에 교육이 우선순위가 아니었다. 더군다나 "여자가 공부는 뭐하러 하냐"는 얘기를 듣고 자랐던 세대인지라 자신의 딸들에게는 그 억울함을 승화(?)시켜서 "너는 공부만 잘 해다오, 나머지는 이 엄마가 다 해줄게"로 성장한 세대가 바로 지금의 우리 세대라고 한다.

따라서 정작 필요한 살림의 지혜나 요리 등은 우선순위에서 밀려나 공부와 일만 하다 결혼을 하고 아이를 낳아 그야말로 맨땅에 헤딩하고 있다고 한다. 그 글을 읽으면서 어찌나 고개를 끄덕였는지 아직도 기억이 난다.

그래서였을까.

나는 한 인격체로는 잘 살아왔지만 결혼하자마자 부여된 아내로, 엄마로, 며느리로는 모든 면에서 너무나 부족했다. 할 줄 아는 요리라고는 라면이 전부인 상태로 결혼했는데 설상가상 이유식을 시작해야 하는 첫 육아는 영국에서 홀로 해야 했다. 살림하는 법과 요리, 이유식에 대해 나에게 친절히 가르쳐 줄 사람은 주변에 아무도 없었다. 오직 인도자는 인터넷뿐. 그래서 밤마다 정보의 바다를 떠돌았고 그때 요리 전문 블로그가 있다는 것도 처음 알게 되었다. 신세계였다.

하지만 요리와 살림 잘하는 블로거들의 글을 읽고 따라하려 해도 살림에 영 재능이 없는 나는 늘 다른 결과물을 만들어냈다. 나와는 너무 다른 그녀들을 보며 자신감은 점점 상실했고, 체력은 바닥을 기어갔다. 노력을 하지 않은 것도 아니었는데 내수준은 여전히 거기서 거기였다. 더군다나 기어다니기 시작한 아들의 에너지를 타국에서 홀로 감당하기에는 역부족이었다.

외국에 먼저 나가 살고 있던 친구 하나가 신혼 초 멸치육수를 내는 법을 몰라 국제전화로 엄마한테 멸치를 몇 마리 넣어야 육수가 나오느냐고 물은 적이 있다고 했었는데 내가 딱 그랬다. 물론 그 친구는 이제 한국요리를 일본어로 강의하는 전문가가 되었지만 나는 나아지지 않았다. 육수를 내기 위해서는 멸치 등을 따야 한다는 것도 한참 뒤에 알게 된 지식이었다.

30대 중반부터 시작된 육아는 40대에 접어들어서도 여전히 이어지고 있다. 39살 끝자락에 딸을 낳으면서 육아의 무게는 더욱더 무거워졌다. 나이 들어 육아를 하게 되면 사람이 어떻게 피폐해져 가는지 주변 사람들에게 스스로 실천적 증거가 되며 살아가던 2018년 가을, 나는 일면식도 없는 사람들의 모임에 참여하게 되었다. 뭔가 생산적이고 반짝이는 사람들이 모이는 곳 같아 보였다. 하지만 마음 한구석에는 '사람이 바닥을 기게 되면 이런 데까지 나오게 되는구나' 하며 나간 자리이기도 했다. 내가 만난 '1년 살기' 모임의 시작은 적어도 그러했다. 내 자아는 왜 그렇게 바닥까지 쳐야 했을까? 결혼 전의 나는 반짝반짝했는데.

*

로보캅이라 불리던 시절

*

나는 남들이 보기에는 꽤 특이한 경력을 가지고 있다.

7살 때부터 발레를 시작했고 우리나라에서 발레를 배우는 학생으로서는 엘리트 코스를 밟아나갔다.

그러다 대학교 1학년 겨울, 무릎 십자인대 파열이라는 부상을 입었다. 성인남자가 이런 사고를 당하면 군 면제라고 하니 얼마나 심각한 부상이었는지 미루어 짐작해주길 바란다.

13년간의 모든 노력이 물거품이 되어버린 순간이었다. 시간, 노력, 물질 그 모든 것이 한순간에 허사로 돌아갔다.

무릎에 커다란 보조기구를 차고 학교에 다녀야 했고, 이때 얻은 별명이 '로보캅'이었다. 훨훨 무대에서 날아다니던 딸이 다쳐서 걷지도 못하고 화장실까지 엉덩이로 기어가는 모습을 보고 엄마는 훗날 기가 막혔다고 말씀하셨다.

6개월이라는 기나긴 시간을 착용했던 보조기구를 내려놓고 혼자 힘으로 걸을 수 있게 되어 대중목욕탕에 간 날, 내 다리는 심하게 짝짝이로 변해 있었다.

그동안 보조기구 착용으로 근육을 전혀 쓰지 못했던 나의 왼쪽 다리는 너무 앙상해져 있었다. 나를, 그리고 옆에서 부축하던 우리 엄마를 안쓰럽게 바라보던 여탕 아줌마들의 쏟아지던 시선을 아직도 기억한다. 간신히 일상으로 돌아왔지만 나의 방황은 그때부터 시작되었다. 고민이 일상이다 보니 하루에 두 끼

만 먹어도 배가 부르는 신공도 옵션으로 따라왔다. 혼자 걸을
수 있게는 되었지만 인생의 길은 걸어갈 수 없어 보였다.

발레를 더 이상 할 수 없게 된 나는 그렇게 4학년 봄까지 방황
하고 또 방황했다. 잔인한 23살의 봄이었다.

*

얌전한 고양이가 부뚜막에 먼저 올라간 사연

*

그즈음이었다. 학부에서 다시 만난 나의 초등학교 동창생들이,
그리고 나의 중학교 동창이자 미술을 전공했지만 공부에 더 소
질이 많아서 경제학부에 들어왔던 나의 단짝 친구가 하나둘씩
외시, 사시, 행시에 붙기 시작했고, 그 어렵다는 외국계 컨설팅
회사에 입사했다는 소식이 들려왔다. 내 역량으로는 어림도 없
었지만 근거없는 질투가 스멀스멀 올라왔다.

사촌이 땅을 사면 배가 아픈 것이 아니었다. 가까운 친구들이
자신의 인생의 방향을 잘 잡아나가는 것이 너무나 부러웠다.

다리를 다쳤다는 핑계 아래 4학년이 되어서도 부모님께 손 벌
리는 나 자신도 한심하고 부끄러웠다. 그래서 나는 일생일대의
엉뚱한 결정을 내리게 된다.

'미스코리아 대회에 나가보자. 그래서 운 좋아서 순위 안에 들어 상금을 타면 대학원비로 내고 부모님께도 당분간 손 벌리지 않아도 되니 조금은 낯이 서겠지.'

그리하여 2001년 4월 어느 날, 나는 미용실 원장님의 추천도 아닌 스스로의 추천(?)으로 미스 서울대회에 나갔다.

당시 미스 서울대회는 이틀에 걸쳐 진행이 되었는데 대회 전날 맨얼굴로 인터뷰 사전심사를 진행하고 그 다음날 무대에서 후보자들 모두가 수영복 심사를 했다.

오랜 기간 발레를 전공해서 어느 정도는 몸 라인이 다듬어져 있던 상태였고 방황하고 있던 인생인지라 고민 덕택에 살도 많이 빠져 있어서 고맙게도 따로 다이어트를 하지 않아도 될 정도였다. 심지어 수영복도 대회 측에서 준비해주기 때문에 가벼운 마음으로 나갈 수 있었다.

문제는 사전 인터뷰 심사였다. 나는 화려한 이목구비를 가진 게 아니어서 인터뷰에 모든 것을 걸었다. 맨얼굴로 심사를 하니 화장할 필요도 없었다. 오로지 신문을 보고 시사상식 책을 달달 외우면서 인터뷰를 준비했다. 대회 당일날 준비한 것도 화려한 드레스가 아닌 미스 서울 후보자에게 주어질 법한 예상

질문들과 이에 대한 답변이 깨알같이 적혀진 작은 수첩과 볼펜이었다. 그리고 심사장에 들어갈 때까지 그 수첩을 들여다보고 또 들여다보았다.

결과는 너무나 감사하게도 미스 서울 진이었다. 나의 고등학교 동창들의 전언에 따르면 "얌전한 고양이가 부뚜막에 먼저 올라간다더니 지혜가 그 고양이였구나"란다.

약 한 달간의 합숙을 통해 치러진 본선에서 미스코리아 골든듀에 입상을 했고, 뉴욕의 쌍둥이빌딩이 무너져내려 어수선했던 그해, 한참이나 참가를 고민했던 필리핀 마닐라에서 열린 미스 아시아 퍼시픽 대회에서는 세미파이널 무대를 통과했다. 또한 재능 있는 후보에게 주어지는 미스 탤런트상도 수상했다.

아나운서로 사회생활을 시작했다. 미스코리아 49회, 50회 대회를 비롯해 100만 명이 광안리 앞바다에 운집했던 APEC 1주년 기념 행사처럼 큰 무대도 진행하며 아나운서로서 경험을 쌓아 나갔다. 내가 근무하던 방송사의 메인뉴스 앵커이기도 했지만 평소 존경하던 분이 대통령 선거에 출마했을 때에는 그 분의 대변인으로 자리를 옮겨 2년 반의 국회생활도 경험했다.

그러다가 34살, 사랑하는 사람을 만나 결혼을 했는데 육아와 살림이라는 거대한 벽을 만나면서 나의 자아는 상승장이 없는 하향곡선을 그리고 있는 중이다.

나에게 대체 무슨 일이 벌어진 걸까.

*

비행기에서 만난 그 남자

*

2010년 4월 어느 날, 나는 런던행 비행기에 탑승했다.

기사 작성에 필요한 새 디지털카메라를 면세점에서 사느라 정신이 팔려서 그야말로 탑승구 문이 닫히기 일보 직전, 가쁜 숨을 몰아쉬며 탔던 그 비행기가 내 인생의 변환점이 되었다.

바야흐로 유럽의 화산이 폭발해서 비행기가 뜨지 못하는 바람에 사람들이 유럽에 갇혀서 3주간 오도가도 못한 직후였다. 그리고 나서 간신히 재개된 유럽행 비행기였는데 하필이면 내가 떠나기 전날 화산이 2차 폭발했다.

불안한 마음에 나는 착석하자마자 지나가던 직원분을 불러서 물어봤다.

"제가 2주 뒤에는 무슨 일이 있어도 돌아와야 하는데 돌아올 수 있겠지요?"

이 말은 사실이었다. 머무는 날짜를 고려해 준비해가는 일회용 렌즈의 여분도 딱 그 정도였고 한국에 와서 다시 일을 해야 하는 상황이기도 했다.

그때 옆에서 "화산이 다시 폭발했어요?" 라고 물으며 나와 스튜어디스의 대화에 끼어드는 남자의 목소리가 들려왔다.

상당히 무례하다고 생각하면서 옆을 보니 이상한 뿔테 안경을 쓰고 너무나 편안한 차림의 남자가 진지하게 우리에게 되묻고 있었다.

첫 인상은 딱 야쿠자같은 느낌이었다. 무서워보였다.

이륙 직전 엄마에게 문자를 보냈다.

"엄마, 나 비행기는 잘 탔는데 내 옆에 야쿠자 같은 사람이 앉았어!!!!!"

인천에서 런던까지는 대략 12시간이 걸린다. 나는 이 무서워보이는 남자랑 비어 있는 한 좌석을 두고 무려 12시간을 같이 앉아서 가야만 했다.

심지어 이 남자는 한국어 발음이 완벽한데 런던 가는 비행기 안에서 내내 타임지를 읽었다.

'어이구, 아저씨. 무슨 타임지야 타임지는… 한국말을 그리 잘 하면서….'
런던에 도착해서 전화를 켜보니 엄마의 문자가 와있었다.
"지혜야 괜찮니? 야쿠자가 앉았다니 걱정이 돼서…."

우리 엄마를 걱정하게 만든 이 이상한 뿔테 안경을 쓴 사람은 그로부터 1년이 조금 더 지난 시점에 엄마의 하나뿐인, 그리고 엄청 사랑받는 사위가 되었다.

＊

가족이 되는 시간

＊

무서워 보였던 남자는 만날수록 괜찮았다. 나에게 잘 보이려고 과시하는 면이 없었고 무엇보다 거짓말을 아주 싫어했다.
한국 사람들이 흔히 하는 '듣기에 좋으라고 하는 말'도 하지 말라고 했고 실제로 본인도 그러했다. (그래서인지 '사랑해'라는 말 한마디 듣기가 지금도 너무나 어렵다. 흥!)
더구나 나를 위해 새벽예배에 가서 기도를 한다고 했다. 부모도 아닌데 나를 위해 새벽예배를 가주는 남자라면 내 인생을 맡겨도 될 것 같다는 생각이 들었다. 그래서 연애를 시작했고 결혼을 하기로 결심했다.

당시 남편은 일본에 살고 있었는데 결혼준비 겸 한국에 출장을 나와 있었다. 한창 결혼준비를 하고 있는데 뉴스 속보가 떴다. 도쿄에서 대지진이 일어났다는 거였다. 화면에서 보는 일본의 모습은 아수라장이었다.

신혼생활을 할 곳이었는데 믿을 수 없는 광경이었다. 일본에서 일하던 외국인들은 이 엄청난 자연재해를 겪고 썰물처럼 빠져나가는 판에 나는 가서 살아야 하는 곳이 되어버렸다.

하지만 인생사 다홍치마라고 자의반 타의반 일본으로 돌아가지 못했던 남편은 나와 함께 결혼준비를 할 수 있는 시간이 생겼고, 2011년 봄의 끝자락인 6월의 어느 날, 우리는 결혼했다.

*

눈 떠보니 일본, 정신 차려보니 런던

*

외국에서 오래 살아왔던 남편 덕택에(?) 무려 15개국에서 온 하객들에게 모두 인사를 마치고 난 며칠 뒤부터 남편이 살던

도쿄에서 신혼살림을 시작하게 되었다.

도쿄 시부야에 도착해 남편에게 말로만 전해 듣던 그 신혼집에 갈 택시를 기다리면서 자판기에서 밀크티를 하나 뽑아 마셨다. 퇴근시간 무렵이라 사람들이 바삐 오고가는 모습을 보며 그제 서야 정신이 들었다.

'아, 내가 여기서 뭐하고 있는 것일까.'

여행으로만 방문했던 일본이 살아야 하는 곳으로 바뀌면서 상황은 달라졌다. 남편은 일본에 도착하자마자 나를 일본어 학원에 등록시켜 다니게 했다. 일본어를 영어로 배우는 웃지 못할 상황이었지만 같이 듣던 친구들 하나하나가 소중했다. 코스타리카에서 온 외교관 부인과 일본 문화가 좋아 무작정 일본으로 온 스웨덴 여자친구, 직장을 구하는 중이었던 인도아저씨, 그리고 일본에서 일하는 미국인 변호사들과 웃고 떠들며 배우는 사이 나는 몸의 변화를 느꼈다. 양가 그 누구도 내색은 안 했지만 너무나도 기다리던 아기천사가 우리 부부에게 온 것이다. 결혼 4개월 만의 일이었다.

서로가 늦은 나이였기에 임신하는 것이 지상최고의 과제였는데 그 임무를 완수해냈다는 기쁨에 안도감이 밀려왔다.

일본도 아가의 성별을 미리 알려주지는 않았다.

그러나 간절한 우리 부부의 눈빛에 외국인이니 특별히 알려주겠다면서 의사선생님은 쿨하게 다리 사이에 뭐가 있다고 간단 명료하게 아들임을 알려주셨다.

내심 딸을 기대했던 나는 그 병원을 나오자마자 카레 우동을 시켜먹고 아이스라떼를 쭉 들이켰다.

입덧이 시작됐다. 하필이면 먹는 입덧이라 끊임없이 먹어야만 했다. 속이 비면 어김없이 화장실로 달려가서 구역질을 했다. 임신해서 남편과 새벽기도를 같이 가는데 남편의 점퍼 안에는 각종 사탕이 두둑히 들어 있었다. 헛구역질이 올라올 때마다 하나씩 꺼내먹기 위한 나름의 노하우였다. 태아에 좋은 음식이 아니라 내가 먹고 싶은 음식을 24시간 내내 먹는 나날이 계속 이어졌다. 새벽 2시에도 남편이 프렌치프라이를 사오면 먹고 잤다.

요리는 임신과 동시에 더더욱 놓아버렸다. 나의 주식은 짜파게티와 검은콩 두유였다. (그래서였을까, 아들이 정말 피부가 검게 태어났다)

요리를 안 하려고 했던 것은 아니었지만 호박인 줄 알고 사왔는데 잘라보니 오이였던 날도 있었고 (일본에는 정말 애호박같이 생긴 오이도 있었다!!) 소고기무국을 끓여놨는데 국 색깔이 시꺼매져서 그대로 하수구에 부어버리는 날도 있었다. 임신과는 별개로 이러한 일련의 사건을 겪으면서 나는 주부로서 점점 자신감을 잃어갔다.

사람이 더 이상 살찔 수가 있을까 할 정도로 몸이 불어나서 어느덧 몸무게 앞자리가 8이라는 숫자가 넘어섰을 때 즈음 나는 엄마가 되었다.

일본에는 산후조리라는 개념이 없어서 당연히 아기를 낳으러 온 한국에서도 조리원을 갈 생각을 못했고 너무 비싸기도 했다. 그래서 평생의 육아동지가 될 수 있을 조리원 동기를 만들지도 못했다. 주위의 친했던 친구들은 여전히 사회생활을 하고 있었고, 결혼을 하지 않은 친구들도 있어서 육아 정보는 구전이 아닌 책과 인터넷 카페에서 얻어야 했다.

기저귀를 갈고 모유를 먹이며 아기를 재우는 일들이 간신히 손에 익숙해져가던 어느 날, 남편이 청천벽력같은 소리를 전해왔다. 이제는 런던으로 가서 살아야 한다는 것이다.

자신이 없었다. 아기는 친정엄마랑 둘이서 한국에서 키우고 있을 테니 혼자 다녀오라고 했는데 남편이 가족은 같이 가야 한다고 끝끝내 우겼다.

새해가 바뀐 지 며칠 지나지 않은 춥디추운 겨울이었으며 아들이 기지도 못하는 생후 5개월 때의 일이었다. 짐을 싸고 보니 이민 가방 7개가 남편의 정장과 아이 용품으로 가득찼다.

미용실에서 헤어와 풀메이크업을 끝낸 완벽한 모습으로 티비에 나오던 나는 동대문에서 색깔별로 산 5개의 긴팔 티셔츠와 바지 몇 벌이 전부였으며 오늘 입고 내일 버려도 될 정도로 낡은 코트 하나만 달랑 입고 런던행 비행기를 탔다.

일본으로 나를 떠나보내던 그날처럼 울던 친정 부모님을 뒤로 한 채.

*

브라보 마이 육아 인 런던

*

런던에서는 생후 3개월부터도 아기 수영을 시킨다. 나는 일주일에 한 번씩 유모차에 아기를 태우고 수업을 들으러 갔다. 런던은 버스에 쉽게 유모차를 태울 수 있으며 지정 좌석이 있기 때문에 이동이 어렵지 않았다. 하지만 타국에서의 나홀로 육아가 얼마나 힘든 건지 실감하게 되는 데에는 그리 오래 걸리지 않았다. 세 번째 수영 수업 즈음에 선생님은 이번에는 부모들도 아기들과 함께 잠수를 하라고 했다. 같이 수업을 듣던 러시아 엄마, 중국 엄마가 차례차례 입수를 하길래 나도 따라했다. 문제는 그 뒤였다.

그들은 모두 차가 있어서 젖은 머리여도 레슨이 끝나고 곧바로 집으로 돌아갈 수가 있었다. 하지만 나는 물기 뚝뚝 떨어지는 머리 그대로 집으로 돌아가기 위해 버스를 기다리고 있는데 하염없이 눈물이 났다. 머리카락은 이미 한겨울 차가운 공기에 한 올 한 올 얼어붙어 있었다.

이 먼 유럽까지 와서 왜 이따위 고생을 하는지 원인을 제공한 남편이 한없이 미워졌다. 런던의 택시비는 가히 살인적이라 함부로 탈 수도 없었다.

또 한번은 이제 막 걷기 시작한 아이와 느긋한 시간을 보낼 수 있는 하이드 파크에 가려고 유모차를 밀며 걸어가고 있었다. 때마침 블링블링한 썬글라스를 낀 석유부자 아가씨가 오픈카를 타고 내 앞에서 신호등 신호에 걸려 정차하고 있었다. 나의 후줄근한 복장과 선명한 대비를 이루며 상대적 박탈감은 이루 말할 수 없었다. 내가 처한 현실을 인정하고 깨닫는 데는 그리 오랜 시간이 걸리지 않았다.

그래도 유럽도 사람 사는 곳이라고 나를 다독였던 남편의 말처럼 런던의 생활들이 익숙해져가는 시점이 찾아왔을 즈음, 집근처에서 반갑게도 한국식당을 발견했다. 내가 좋아하는 제육볶음을 시켰는데 한국 돈으로 무려 45,000원이었다. 결국 런던에 있는 동안 두 번밖에 사먹지 못했다. 그것도 귀국이 결정되고 나서야 '에잇' 하는 심정으로 먹은 두 번이었다. (더불어 나의 끼니때와 아들의 낮잠 타임이 맞아떨어진 행운의 순간도 자주 오지 않았다)

좌충우돌 런던에서의 적응이 끝나갈 때쯤 시어머니가 보육교사 자격증을 따는 것이 어떻겠냐고 연락을 하셨다. 나의 시어머니는 31년째 선교원을 운영하고 계시는데 갈수록 아이들이 적어져서 그 모든 적자를 스스로 감수하면서도 사명이라고 생각하시며 어린아이들에게 기독교 교육을 시키고 계신다. 막연하게 한국으로 돌아가면 선교원에 가서 일을 돕겠거니 생각했기에 인터넷으로 보육교사 자격증 공부를 시작했다. 이미 학부에서 사범대를 졸업했기에 중등학교 교원 자격증이 있었지만 아들 키우는 데도 도움이 되겠거니 해서 시작한 공부였다.
그러나 외국에서 아이를 키우며 혼자 하는 공부는 쉽지가 않았다. 아들의 낮잠시간을 이용해야 했고 한 학기에 최소 7과목을 공부하고 시험봐야 했다. 더구나 시험이라도 볼라치면 시차까지 고려해야 했다. 써 내라는 보고서는 왜 이렇게 많은지, 미루고 미룬 보고서들을 합치니 21개가 된 적도 있었다.

어느 날은 한국과의 시차 때문에 새벽 세 시에 중간고사를 보고 있는데 3문제를 남겨놓고 아들이 깨서 울기 시작해 업고 달래며 시험을 끝낸 적도 있었다. 지금은 웃으면서 얘기하는 추억이 되었지만 당시는 눈앞이 캄캄했다.

*

아무것도 안 하는 것보다는 뭐라도 저질러봐야지

(그래서 '1년 살기'에 나왔어요)

*

한국으로 귀국한 지도 어느덧 꽤 시간이 흘렀고, 나의 육아도 8년차에 접어들었다.

이제 적응이 될 법도 한데 육아는 해가 가면 갈수록 더욱 어려워지는 것 같다. 전문가들에 따르면 나이별로 읽혀야 한다는 전집은 왜 이리 많으며 영어유치원을 나오지 않은 아들을 영어학원에 집어넣으려고 갔다가 이 실력으로는 레벨테스트도 할 수 없다는 얘기를 듣고 헛웃음을 지으며 나온 날도 있었다.

'1년 살기' 모임을 찾아내게 된 날도 바로 그런 일들의 우연이 겹친 결과였다.

초등학교 입학을 앞둔 아들 때문에 초조해진 마음에 여기저기 검색을 하다 우연히 퀸스드림 님의 블로그를 보게 되었다. 나는 모태신앙으로 태어난 기독교인이라 일단 성경말씀이 적혀진 블로그에 대해 경계심을 상당히 내려놓는 경향이 있는데 이분의 블로그가 그랬다.

거기다가 뭔가 끊임없이 도전하고 있는 모습이었고 긍정 에너지가 흘러 넘쳤다. 한 달을 생선 훔쳐 먹는 고양이마냥 몰래 들락날락거리다가 용기내어 글을 남겼다.

"저도 1년 살기 모임에 한번 나가봐도 될까요?"

강남역에서 처음 1년 살기 멤버들을 만나러 가던 그때가 아직도 기억이 난다.

결혼 9년차인데도 가족들과 함께가 아닌 나만의 시간을 갖는 것이 여전히 어색했던 작년 10월, 나는 미안한 마음에 새벽부터 일어나 아이들과 남편의 밥과 간식까지 차려놓고 현관을 빠져나왔다.

예전에 미스코리아 대회 주관사였던 한국일보사 사장님이 대회 직후 나를 불러놓고 말씀하셨다.

"지혜야, 미스코리아에 당선되는 것도 어려운 일이지만, 되고 나서가 더 어려운 일이란다."

당시 20대 초반의 나는 그 말이 무슨 뜻인지 몰랐지만 지금은 어렴풋하게나마 그 말씀을 이해한다. 어느 곳에 있든지 미스코리아로서의 품위를 유지하라는 뜻이었고, 외적으로나 내적으로나 변함없는 사람이 되라는 의미였던 것 같다. 그리고 이는 은연중에 마음에 담아놓게 된 말씀이 되어버렸다. 비록 고인이 되셨지만 내가 가장 좋아하는 피천득 님의 수필집에 나오는 '구원의 여상' 속 이상적인 여인이 되고자 내 딴에는 상당기간 나름의 노력을 하기도 했으니까.

그러다 보니 매사에 신중을 기했고 누구를 만나더라도 늘 완벽한 모습으로 거리를 유지했던 나였기에 전혀 아는 사람이 없는 모임에 불쑥 끼어든다는 것은 상상조차 할 수 없는 일이었다. 더구나 민낯으로는 더더욱.

하지만 절실함은 나를 '1년 살기'로 이끌었고 이 모임을 통해 나 자신을 돌아볼 수 있는 귀한 시간이 되었다. 한 달 계획을 세워 매달 만난다는 것은 적어도 작심삼일이 작심한달로 지속될 수 있다는 의미였으며 계획을 주기적으로 점검한다는 것은 목표달성의 실패를 줄여나갈 수 있는 좋은 방법이기도 했다.

또한 매달 멤버들의 삶의 희로애락을 들여다보는 것은 나 자신을 되돌아볼 수 있는 시간도 되었고, 여전히 워킹맘으로 각 분야에서 활동하는 멤버들의 전문적인 강의를 듣는다는 것은 정말로 행운이기도 했다.

더군다나 이 멋진 친구들과 함께 내 인생의 목표 중 하나인 책을 쓰고 있다니!

1년 살기 멤버들의 계획은 결코 거창하지 않고 실천가능하다. 가족을 사랑하고 위하는 마음 위에 자신의 발전적인 모습을 보태기 위해 노력한다. 엄마이기에 아내이기에 마냥 자기만을 위할 수 없는 것이 사실이기도 하지만 그녀들은 그 틀 안에서 점진적인 발전을 이루어나가고 있다. 나의 계획도 어찌 보면 지속가능한 수준에서 이루어지고 있다.

한 달에 두 가지 정도의 새로운 요리에 도전하기, 아침에 일찍 일어나서 새벽기도 가기, 아이들을 나의 감정받이로 사용하지 않기, 책 읽기(작년부터 한 인터넷서점의 vvip를 유지하고 있는 중이다!) 재테크에 관심 갖고 강의도 들어보기, 주말에 집에만 있지 않고 아이들과 새로운 곳을 찾아다니고 경험하게 해주기, 남편에게 여러 면에서 인정받기(이건 정말 어려운 일이다), 꾸준히 운동해서 살빼기 정도의 계획을 매달 세우고 있다. 물론 이 모든 계획들이 매달 완벽하게 지켜지지 않을 때도 있지만 그래도 1년 살기 멤버들끼리 서로 독려하다 보면 나의 불혹의 시기가 유의미하게 변할 수도 있지 않을까 하는 기대감이 밀려온다.

다시 멋진 프로그램과 행사를 진행하고 싶고, 좌충우돌하고 있는 젊은 인생들이 있다면 나의 경험들을 나누면서 길이 끝나는 곳에 다시 문이 열린다고 알려주고도 싶다.

무엇보다 움직이지 않으면 아무 일도 일어나지 않는다는 것을 근 9년간 체화했으니 어떤 일에든지 도전하는 것에 대한 두려움을 버리고 용기를 갖고 싶다.

또한 온갖 자기계발서를 섭렵해온 인생답게(?) 나도 언젠가는 실제적으로 도움이 되는 자기계발서도 쓰고 싶고, 나에게 하나님이 주신 소박한 재능들이 있다면 도움이 필요한 곳에 베풀고도 싶다. 실제로 사회복지사 자격증 취득도 1년 살기 모임에 나오면서 얼추 공부가 마무리된 상태이기도 하다.

특히 이 책이 나오기 바로 직전, 국제 콩쿠르 시상식을 진행하러 다녀온 얘기도 살짝 나눠보고자 한다.

진행 의뢰가 들어왔던 것은 6월 중순이었고 마침 이 책의 탈고가 끝났던 지라 의욕충만해서 덜컥 하겠다고 한 일이었다. 그러나 막상 그 날짜가 다가오니 행사는 주말이었고 더구나 이메일로 날아온 시나리오는 간간이 영어로도 진행을 해야 하는 일이었다. 오랜만에 하는 일이라 걱정도 되었고 주말에 하는 일은 가족들을 생각해서 거절해야 했었나, 백 번을 나 자신에게 되물어보았다. 하지만 고맙게도 아이들이 여름성경학교에 참여하느라 토요일임에도 교회에 가게 되는 행운이 찾아왔고, 남편에게는 아내와 아이들이 없는 평안한 주말(?)을 선물하고자 한번 해보자는 결론에 이르렀다.

우려와는 달리 나는 역시 무대에서 나의 목소리로 사람들과 소통할 때 살아있음을 느꼈고 개인적으로는 더없이 값진 시간이 되었다.

물론 일을 끝내고 돌아와 보니 집은 아수라장이었고 여름성경학교에서 돌아온 아이들은 영상매체와 물아일체인 상태로 남편과 함께 저녁을 기다리는 중이었지만 일을 하면서 에너지를 얻고 와서인지 그 광경에서도 마음의 평정을 찾을 수 있었다.

이 글을 완성하기까지 나는 대체 무슨 내용을 써야 하나 한참을 고민했다. 과거를 들춰내는 사람은 별 매력 없다는 것을 익히 들어서 나의 이야기를 적어 내려가며 나도 그런 모습은 아닌가 끝없는 고민이 이어졌다. 하지만 결혼해서는 정기적으로 사회생활을 해본 적이 없고 재테크라고는 환율에만 민감할 뿐이고 엄마표 육아도 성공해본 적이 없는 나에게 1년 살기 멤버

◀ 아들이 그려준 엄마의 모습

들이 격려를 해주었다. 과거의 경력들을 뒤로하고 열심히 엄마로 주부로서 살아가는 것 자체도 멋지다고 말이다.

그들의 격려는 내게 포기하지 않고 이 귀한 책의 일부를 장식할 수 있는 기회가 되었다. 그들에게 진심으로 감사하며 남은 반년, 또 1년 살기의 멤버로서 힘차게 달려나가 보고자 한다.

또 계획을 지키지 못하면 어때, 다시 시작하면 되지. 그게 1년 살기의 힘이지!

오현정

(바이헬렌)

14년 경력의 전직 제품 디자이너이자 7살 개구쟁이 아들의 엄마.
결혼하고, 어렵게 임신을 하고, 육아휴직을 받았고, 다시 회사로 돌
아가던 순간을 기억한다.
아이와 뒹굴던 1년의 생활을 마치고 출근하던 아침, 차 안에 흐르는
핑크퐁 노래를 서둘러 껐다. FM클래식 채널로 주파수를 돌리며 느
낀 해방감이란! 온전히 나로 다시 돌아오는 스위치를 켠 듯했지만
인생의 한 고개를 넘은 것 같았던 성취감은 오래가지 못했다. 육아
와 경력의 줄다리기가 시작되었고, 더 이상 예전과 같은 생활을 할
수 없다는 것을 알게 되었다.
'출구 없는 육아'의 터널을 지나다 결국 육아와 내 삶의 밸런스를
찾기 위해 회사를 그만두었다. 돈 안 돼도 재미있고 가치 있는 일을
추구하며, 아이와 함께 성장하겠다며 짬 나는 시간에 부지런히 돌
아다니는 지금이야말로 '내 인생의 황금기'라고 외친다. 하고 싶은
것과 해야 하는 것 사이에서 나만의 속도로 부지런히 꿈을 찾아가
는 중이다.

나만의 속도로 삽니다

* * *

오현정 (바이헬렌)

* * *

대학 졸업 후 3년, 외국 유학 다녀온 후 11년. 23살부터 시작한 디자이너로서의 직장 생활은 나이 40살에 마침표를 찍었다. 힘들고 고된 직업이었으나 한 회사에 10년 이상 근무했고 동일 직종에서 14년을 버틴 것을 보면 사회생활에 어울리는 원만한 성향을 지니고, 이 분야에 성취감을 가지고 일해 왔다고 생각한다.

그렇게나 좋아하던 일을 그만두고 집에서 아이만 돌보기 시작한 지 1년이 지났고, 다시 봄이 왔다. 직장생활할 때 꿈꾸던 퇴사 이후의 삶과 현재 나의 모습은 차이가 많다. 이상과 현실 사이의 괴리를 꼭 경험해야만 알게 되는 걸까? 사직서를 제출하던 날 "이제 뭘 할 거예요?" 라고 묻던 인사부 담당자의 질문에 나는 육아를 하면서 나를 함께 발전시킬 수 있는 일을 찾을 거라고 답하였다. 그때는 그것이 뭐 어려울까 싶었다. 계획했던 일이 되든 안 되든 잠시 쉰 이후에 커리어를 기반으로 다시 직장을 구할 수 있지 않을까? 생각했다.

그리고 1년이라는 시간이 지나갔다. 계획했던 일은 이루어지지 않았고, 막연하게 꿈꾸던 육아와 병행 가능한 이상적인 일자리도 구할 수 없었다. 그야말로 그렇게 전업주부가 되었다.

*

안 되면 여자 탓?

*

졸업도 하기 전에 들어간 첫 회사에서 3년차가 될 무렵, 내 생애 첫 해외를 출장을 통해 나갔다. 머무는 일주일 동안 단 한마디도 하지 못했다. 영어를 못하니 물 한 병 사먹지 못했고, "어디에서 왔니?" 라고 묻는 외국인을 피해 박람회 쇼룸에서 도망치듯 나왔던 기억이 생생하다. 귀국하던 비행기 안에서 앞으로 내 인생을 발전시키려면 '영어 잘하는 디자이너가 되어야겠다' 라는 생각이 들었다. 비용을 아끼기 위해 최단기로 공부할 수 있는 나라와 학교를 물색했고 그동안 모은 돈을 내밀며 부모님과 집안 어른들을 설득해 유학길에 올랐다. 어른들은 마지못해 보내주시면서도 유학 가서 공부보다 더 중요한 것이 좋은 남편감을 만들어 오는 거라고 강조하시는 등의 현실적인 조언을 덧붙이셨다. 하지만 나는 나름의 이상적인 디자이너가 되기 위해 쪽잠을 자가며 영어를 공부했고, 마치 신세계를 발견한 듯 유학생활 내내 모든 것을 느끼고 경험하는데 열정을 쏟았다.

귀국하자마자 다행히 유학 전에 일했던 같은 분야의 디자이너로 본격적인 경력을 쌓기 시작하면서 일에 대한 자신감이 붙었고, 그것을 바탕으로 앞만 보고 달리기 시작했다.

신나게 일하면서 시간은 금세 흘러갔다. 29살이 되니 친구들 대부분이 시집을 갔고 내 의지와 상관없이 혼자 보내는 시간이 많아졌다. 주말에도 사무실에 나가거나 일이 없어도 늦은 저녁까지 회사에 머무는 날이 이어졌고 애인 없는 나를 보며 어른들의 시집가라는 성화가 시작되었다. 잔소리에 스트레스가 쌓여갈 때쯤 다정하고 차분한 성향의 남자를 만나게 되었고, 알뜰하고 성실한 모습에 이만하면 됐다 하고 연애 시작한 지 1년이 채 되지 않아 결혼을 했다.

결혼식을 치르고 나니 안정된 생활은 일에 집중하기 좋았다. 제조업 디자이너 특성상 새벽에 공장가고 야근을 밥 먹듯 했지만, 분기별로 이루어지는 해외 출장은 그야말로 좋은 거 멋진 거 보러 다니는 일상의 탈출이었다. 디자인 업무 이외에도 외국 바이어 상대의 수출 디자인 영업 같이 다양한 방면의 일을 배워가는 재미도 쏠쏠했다. 게다가 해외 세일즈를 하는 바쁜 신랑 덕분에 그야말로 내 몸 하나만 돌보면 되는 홀가분한 생활이었다.

그렇게 또 시간이 흘렀다. 결혼 5년차가 되어가는데 자연스럽게 생길 줄 알았던 아이가 생기지 않아 병원에 가서 검사를 받았다. 건강상 이상 없는 '원인불명의 난임'이라는 진단을 받던 날, 가족들은 바쁘게 일하는 나에게 원인을 돌리는 분위기였고, 임신 안 된다고 여자가 일을 그만두면 되는 거냐며 반발심에 내가 할 수 있는 것은 성공률을 높여준다는 검사와 주사를 맞기 위해 병원을 다니는 것뿐이었다.
매달 희망고문을 견디며 지낸 시간이 1년. 결국 내가 일을 포기해야 하나 자포자기하던 중, 첫 아이를 임신했다.

하고 있는 일이 재미있었고, 같이 일하는 팀과 동료들이 좋아서 출산을 하더라도 그만두고 싶지 않았기에 앞으로도 필요한 존재라 인식될 수 있게 임신 전보다 더 열심히 하는 모습을 보여주었다. 다행히 회사도 날 배려해주었고, 육아휴직을 받게 되었다. 육아 스트레스는 상당했지만 다시 돌아갈 책상과 자리가 있다는 것만으로도 얼마나 큰 위안이 되던지.

휴직을 마치고 출근하는 차 안에서 그동안 흐르던 핑크퐁 노래를 서둘러 껐다. FM클래식 채널로 주파수를 돌리며 느낀 해방감이란! 온전히 나로 다시 돌아오는 스위치를 켠 듯, 간밤에 아이 때문에 잠을 자지 못했어도 에너지만큼은 충분한 순간이었다. 어렵게 임신을 하고, 육아휴직을 받았고, 다시 회사로 돌아왔다. 하지만 인생의 한 고개를 넘은 것 같았던 성취감은 오래가지 못했다. 육아와 경력의 줄다리기가 시작되었고, 그로 인해 예전의 자유롭고 화려했던 디자이너 생활이 보장되지 않는다는 걸 깨닫는 데는 많은 시간이 필요하지 않았다.

삐걱대는 워킹맘

워킹맘이 되고 월급의 절반 이상을 도우미 이모님께 드리는 것이 아깝지 않았다. 이모님이 사랑으로 아이를 봐주시고 부지런히 살림도 도와주셔서 퇴근 후의 육아와 업무 스트레스로 인한 나의 피곤한 몸은 겨우 견디고 있었다. 그런데 참을 수 없었던 것은, 아이는 같이 낳았는데 남편의 생활은 크게 변한 게 없다는 것이었다. 여전히 한 달에 2주 정도는 해외 출장을 나갔고, 가끔 아이와 놀아주는 시간을 뺀 나머지는 온전히 나의 몫이었다. 아이 낳고 나서 왜 여자만 이렇게 힘든 거냐고 주변에 하소연해봤자 그나마 도우미를 쓰는 게 어디냐, 다들 그렇게 힘들게 사니 아이가 좀 크면 나아질 거라는 반응들 뿐, 아이가 얼마나 커야 내 몸이 좀 편해지는 건지, '출구 없는 육아' 라고 하더니 나 역시도 여느 워킹맘과 다를 바 없었다.

아이가 세 살이 되었을 무렵, 홀로 계시는 친정엄마를 케어해야 하는 상황이 되자 엄마는 아이를 봐주시고 나는 생활비를 드리게 되는 나름의 계약을 하게 되었다. 아마도 이쯤부터 가족들의 관계가 삐걱거리기 시작했던 거 같다. 대학 졸업 이후 함께 살지 않았던 친정엄마와의 익숙하지 않은 생활, 그리고 장모님과 사위의 어색함, 그 안에서 갈피 못 잡는 나의 예민함, 한 살씩 먹어가며 더욱 더 에너지 넘치고 극성스러운 아들.

어느 날, 퇴근을 준비하고 있는데 카톡이 연신 울렸다. 아이가 배변훈련 중이라 팬티를 몇 개나 빨았다는 메시지였고, 집에 도착하기 전까지 엄마는 여러 번 전화를 걸어왔다. 하지만 받지 않았다. 여느 때처럼 언제 오냐는 내용일 거였고, 엄마는 그냥 궁금해서 물으시는 거라는 걸 알았지만, 가끔 난 그 말이 '딴짓 하지 말고 일 마치면 빨리 와서 애 봐라' 하는 말로 들렸다. 그렇게 집에 도착했는데 엄마는 아이에게 "야, 네 엄마 바람 피우다 이제 오나 보다" 하며 인사도 없이 가버리셨다. 이게 무슨 황당한 상황일까? 어이가 없었고, 눈물이 나고, 화가 났다. 나는 열심히 산다고 살고 있는데 왜 내가 엄마한테 비난을 받아야 하는 걸까… 신랑은 여전히 출장 중… 기댈 곳은 어린 아들뿐이었다. 다음날 동생에게 들으니, 언니가 매일 늦는데 어제는 남자 차를 타고 오는 걸 봤다면서 걱정을 했다는 것이다. 아파트 같은 동에 사는 동료가 있는데 퇴근할 때 가끔 신세지는 것을 당신 집으로 돌아가시다 보신 모양이다. 엄마는 동생에게 "내가 좀 심했지. 나도 그날따라 애가 팬티에 똥을 계속 싸니깐 너무 짜증났었어"라고 하셨지만 소심 A형인 엄마와 나는 결국 그날 일을 묻은 채 며칠 동안 말 안 하는 것으로 지나갔다.

또 다른 어느 날, 혼자 반찬을 꺼내 저녁을 차려먹던 신랑이 갑자기 냉장고에서 반찬통을 꺼내더니 메모를 하기 시작했다. 생전 시키지 않으면 움직이지 않던 남자가 냉장고 정리라니? 장모님께서 만드신 양념간장이 쌓여 있다며 그것들을 다 꺼내어 뚜껑에다 양념간장1, 2… 번호를 붙여놓은 게 자그마치 10개가 되었다. 사다 놓은 식빵이 냉동실에 남아 있는데도 왜 식빵을 사왔냐고 나무라면서 음식을 필요할 때 사서 신선하게 먹으면 안 되겠냐고? 불평도 늘어났다. 워낙 냉장고에 음식을 가득하게 담아두는 성향의 엄마인 건 알고 있었고, 바쁘다며 정리 못한 내 탓도 있었다. 장보기 또한 내가 도맡아 하다 보니 떨어지기 전에 미리 사놓는 것은 워킹맘의 기본이라 생각하고 살았다. 하지만 친정엄마는 아이를 봐주시면서도 원했던 것 이상의 역할을 해주고 계셨다. 매일 우리 출근 전에 오셔서 아침을 차리고, 내가 퇴근 후 저녁 먹는 걸 보셔야 집으로 돌아가셨다. 침대 위의 이불은 언제나 가지런히 정리되어 있었고, 바닥은 맨질맨질했다. 아이만 챙겨주시라고, 우리 밥은 힘드니 하지 말라고 하는 데도 꿋꿋이 집안일과 살림을 도맡아 해주셨다.

그런데 지금 남편은 나와 엄마에게 살림하는 게 마음에 안 든다며 투덜대고 있으니 어이가 없었다. 그러는 당신은 육아와 살림에 무슨 보탬이 되느냐고 성질을 내니, "나는 장모님께 정당한 대가를 하고 있고, 재테크로 돈을 열심히 모으고 있어!"라고 했다. 물론 용돈을 드리는 것도 맞았고, 가장으로서 성실하게 저축을 하고 이리저리 재테크를 하며 돈을 모으려고 열심히 사는 것도 맞았다. 그러나 내게는 불평하는 남편을 받아줄 심적 여유가 없었다. 게다가 아이 보느라 힘든 엄마에게 우리 밥까지 차리는 것을 당연하게 생각하고 있었다니. 남을 썼으면 지금 드리는 용돈보다 훨씬 많은 금액이 지출되었을 것이고, 그 이상의 노동을 우리 엄마가 하고 있는데… 우리가 왜 돈을 벌고 모으는 것인지? 왜 아이를 낳고 기르는데 나는 힘들기만 한 건지? 전혀 행복하지가 않다, 며 맞벌이 부부라면 모두 겪었을 갈등을 우리 역시 겪으며 서로 인신공격을 하다 지쳤을 때야 싸움은 끝이 났다.

말로만 듣던 장모와 사위의 갈등, 친정엄마와 아이 맡긴 딸과의 갈등은 시간이 가면 갈수록 심해졌고 전혀 나아지지 않았다. 지인에게 하소연을 하던 중 상담을 권유 받았다. 부부 상담을 시작하면서 제3자의 입장에서 현실적인 조언을 들었고 객관적으로 상황을 바라보는 법을 배웠다. 소통하는 방식을 바꾸고 세 사람이 모여 대화를 시작하고 나서야 어긋났던 사이가 조금씩 회복되기 시작했다.

*

둘은 있어야

*

다행히도 아이가 다섯 살이 되자 육아는 빠르게 안정이 되어갔다. 밤에 일어나 우는 횟수도 줄어들고 꽤 자주 깊고 긴 잠을 자서 나 역시도 수면부족을 면하기 시작했다. 어색하던 친정엄마와 남편과의 사이도, 예민하게만 받아치던 나와 엄마의 관계도, 독박 육아 때문에 나만 힘든 거라며 남편을 공격하던 내 모습은 서로에게 배려를 하고 대화를 하는 만큼 좋아졌다. 이제는 친정엄마를 모시고 온 가족이 여행을 가는 것과 말하지 않아도 눈치 채고 육아와 살림을 도와주는 남편의 모습은 일상이 된 듯 평안한 분위기가 이어졌다. 종종거리며 이어나갔던 경력은 차곡차곡 쌓여 성과도 났고 승진도 하였으며 윗사람보다 아랫사람이 많은 관리자로 성장하였다.

그 무렵 친정엄마는 나에게 둘째 갖는 것을 권유했다. "혼자는 외로우니 둘은 있어야 한다, 나가서 돈 벌어 인정 받는 것만큼 집안 살림 잘하며 건강한 아이 키우는 것도 보람 있는 삶이다"라며 설득하셨다. 신랑 역시 하나보다는 둘이 좋겠다면서 둘째를 갖고 싶다는 생각을 내비치니 결심은 나만 하면 되는 거였고 실행에 옮기기까지 그리 오래 걸리지 않았다. 처음에는 임신하고, 출산하고, 휴가를 받아 돌쯤까지 기르고 다시 사회에 나오면 되겠지! 라는 단순한 생각을 하였다. 차츰 '육아에 기대어 회사를 쉬고 싶다는 생각도 나쁘지 않은데?' 라며 시작된 이유는 급기야 '집에서 아이 키우는 게 직장에 나와 일하는 것보다야 편하겠지?' '맞벌이 10년차에 나도 이제 남편에게 좀 기대어볼까?' 하며 슬슬 둘째 임신에 목을 매기 시작했다. 하지만 남들에게는 쉬워 보이는 임신이 나는 두 번째도 쉽지 않았다. 1년이 지나도 아이는 생기지 않았고, 이어진 인공수정 시술로 다시 1년을 보내며 세 차례 시술의 마지막에 비로소 둘째를 임신하였다.

너를 보내던 날

둘째는 첫 임신 때와 달리 배가 무척 빠르게 나왔다. 나이가 들어 그런지 몸이 매우 피곤했고 입덧도 심했다. 또한 임신을 준비하던 와중에 스카우트된 새로운 회사 안에서의 업무량은 줄일 수가 없었다. 임신을 핑계로 업무를 소홀히 하는 것은 나 스스로도 또 조직 안에서도 프로답지 못한 모습을 보여주는 것이라는 생각이 강했다. 비록 애 낳고 나서는 그만둘 생각도 하고 있는 나였으나 그래도 할 수 있는 데까지는 내 능력을 인정받고 싶은 욕심이 있었다. 야근이나 출장을 갈 때면 입덧을 위한 크래커를 물고 다니며 일을 했다. 힘들 때마다 태중의 아이에게 말을 건넸다.

"엄마는 너와 함께라서 이렇게 해낼 수 있어. 고마워."

임신 4개월에 접어들 무렵, 딸이라는 성별을 알게 되어 세상을 다 가진 듯 기쁜 때를 보내고 있었다. 첫째 때도 신기했지만, 둘째 초음파 사진은 너무 이뻤다. 매번 검진 갈 때면 바쁜 아빠를 대신해 아들이 내 손을 잡아줬고, 둘은 함께 화면 속 꼬물거리는 태아를 바라봤다. 동생을 기다리는 첫째의 모습이 어찌나 기특하던지! 성인이 되고 나서 처음으로 내 할 일 다했다는 생각에 뿌듯했다. 아들 딸과 단란한 가정을 이룬, 이상적이라 생각했던 가족의 모습이 눈앞에 펼쳐지고 있으니 더 이상 바랄 게 없었다.

바쁜 회사 일정 탓에 초기 기형아검사를 형식적인 검사로 대체하고 2차 기형아검사를 했다. 첫째 때도 그랬지만 둘째 때도 역시나 노산의 산모는 무조건 해야 하는 검사라고 강조하는 것이 불쾌했다. "아이가 기형이면 그때는 어떻게 하라는 건가요?"라는 질문을 하고선 검사를 잊어버렸다. 이상이 있을 거란 생각을 당연히 하지 않았기에 검사 결과가 나오는 날짜도 챙기지 않았다. 계속 걸려오는 병원의 전화도 받을 생각을 하지 않고 하루 종일 업무 회의를 진행하던 어느 날, 부재중 전화가 5통 정도 온 것을 보고 부랴부랴 전화를 했다. 기형아검사 모두 고위험군이니 보호자와 함께 당장 오라는 말이었다. 남편은 출장 중이어서 혼자 검사 결과지를 받고 의사 앞에 앉았다. 심장이 두근거렸고 눈물이 계속 나와 앉아 있기가 힘들었다. 한 가지도 두 가지도 아니고 모두 고위험인 경우, 정밀검사를 진행한다고 해도 확률적으로 임신이 지속되기도 어렵고, 지속되더라도 태아의 생명 기한을 장담할 수 없다는 말이었다. 이외에도 의사는 더 어려운 말들을 전문 용어로 설명하는데 아무 소리도 들리지 않았다. 도대체 나에게 왜 이런 일이 일어나는 걸까? 원망도 하기 전에 모든 것이 빠른 속도로 진행되었다. 출장 중인 남편이 급하게 귀국했고, 정밀검사가 진행되고, 결과 확인 후, 산모의 건강을 위한 결정까지. 그 모든 것이 이루어지는데 일주일이 채 걸리지 않았다. 몇 년을 기다려서 만났던 둘째는 그렇게 며칠 만에 기억 속으로 사라졌다.

*

경력 단절이 거기에 있었다

*

출산 휴가를 대신해 준 회사의 배려로 나는 두 달을 몸조리를 하며 집에 머물렀다. 아침에 일어나면 기분 좋게 첫째를 어린이 집에 등원시키고 나서 슬픔에 빠져 눈물을 흘렸다. 오후에 하원을 시켜 데리고 오면 아무 일도 없었다는 듯 신나게 깔깔거리다가 아이를 재우고 또 다시 눈물을 흘렸다. 4개월을 임신했던 몸은 갑자기 아이가 없어지고 나니 출산 후의 상태로 변하기 시작했다. 젖이 불기 시작했고 칼로 에이는 듯한 젖몸살이 왔다. 조리원을 갈 수 없으니 출장 마사지사를 불렀고 단유 마사지를 하는데 노란 초유가 주르륵 흘러내렸다. 불려져 있던 배 역시 쉽게 들어가지 않았다. 그리고 꽤 오랫동안 태동이 느껴지는 착각도 했다. 나의 마음이나 정신만큼 몸도 아이를 보내는데 시간이 걸리는 걸 보고 있으니 사람의 몸도 이렇게 슬플 수 있구나… 하는 생각이 들었다. 두 달을 오로지 슬퍼했고, 원망했고, 앞으로 내 인생을 어떻게 해야 하느냐며 하늘에 따져 묻는 날로 보냈다. 일도 하기 싫었고, 회사도 나가기 싫었으며, 돈도 필요 없는. 이제껏 경험해보지 못한 무기력과 공황 상태의 중간 어디쯤이 아니었나 싶다. 이런 지경이니 출근할 수가 없었다. 동료들의 만류에도 불구하고 그렇게 나는 예상치도 못한 이유로 퇴사를 했다.

그 와중에도 나는 잠시 쉬었다가 아이를 키우며 함께 성장하는 일을 할 거라는 막연한 다짐이 있었다. 그리고 둘째를 다시 갖고 말겠다는 각오도 있었다. 하지만 내가 생각했던 모든 것들은 말 그대로 내 머리 속에서만 가능했던 계획들이란 걸 깨닫는 데는 얼마 걸리지 않았다.

단 몇 시간만으로도 사람 혼을 빼놓고 기진맥진시키는 육아를 겪으면서 직장에 나가고 싶다는 생각이 절로 들기 시작했다. 외벌이가 되면서 줄어든 생활비는 평소 소소한 사치였던 때밀이 가격이 부담스럽게 느껴지는 상황이 되자 서글픈 생각도 들었다. 무엇보다도 당황했던 것은 변해버린 남편의 행동이었다. 퇴사 이후 두 달쯤 되었을 무렵 친정엄마에게 아이를 부탁하고 친구와 저녁식사 후 10시쯤 귀가하던 날, 신랑의 한마디.

"가정주부가 늦은 시간까지 어딜 돌아다니냐!"

난 내 귀를 의심하지 않을 수가 없었다. 지난 10년 동안 평일에 야근은 물론이고 심지어 주말에도 집에 없는 날이 무수히 많았던 나인데, 이 남자가 갑자기 왜 이러지? 물론 이날 이후에도 신랑은 주말에 나가는 모임이나 가끔 평일 저녁의 교육에 대해 말을 하면 얼굴색이 변했다. 이유는 본인이 출장 안 가고 퇴근하는 날에는 집에서 와이프가 해주는 밥을 먹고 싶고, 주말이면 가족과 함께 보내려고 본인은 절대로 약속을 안 잡는데 당신은 어딜 나간다는 것이냐? 라는 식이었다. 회사 다닐 때는 어쩔 수 없지만 이제 하고 싶은 일이나 만나고 싶은 사람은 아이가 없는 낮 시간을 이용해라! 나의 상식으로는 이해할 수 없는 그야말로 가부장적인 남자가 10년 만에 자리를 찾은 듯 보였다. 몇 번의 같은 상황이 반복되었고 그때마다 부부싸움을 했다. 이쯤 되자 '이 남자가 내가 돈을 안 버니 나를 무시하는 구나!'라는 자괴감이 들기 시작했다.

둘째 갖는 것 또한 수월하지 않았는데, 지난 임신의 실패 원인이 노산에 큰 비중이 있었기에 이번만큼은 철저하게 준비하고 싶어 유명 불임병원을 찾았다. 몇 달을 각종 영양제와 운동, 휴식, 수면 등 내가 할 수 있는 최선으로 몸을 임신에 최적화되게 만들었고, 유산 후 6개월쯤 지났을 때 시험관 시술을 시작했다. 하지만 억지로 몸을 만들어가는 호르몬 약들로 인해 몸 상태는 들쑥날쑥, 기분 역시 너울거리는 일상이 찾아왔다. 유난히 체력이 바닥인 날이면 천방지축 아들의 말썽, 눈치 없는 남편의 철없음과 부딪쳐서 감정의 하수구처럼 모든 원망들이 가족들에게 쏟아졌다. 아이는 엄마가 맨날 화만 낸다고 징징거렸고, 남편은 힘든 것도 모르고 시험관 시술을 시작했냐며 짜증좀 그만 부리라고 성을 내고 있었다. 둘째는 왜 갖겠다고 한 건지, 내 인생에, 우리 가족에게 둘째가 필요하긴 한 건지… 이유는 있었지만 임신을 준비하던 몇 개월 동안 당사자인 나는 지쳤고 갈 길을 잃어버린 기분이었다.

어느 다른 이유들보다도 경력 단절의 현실을 느낀 것은, 둘째 출산 전에 알찬 시간을 보낸다면서 독서도 하고 평소 관심 있던 강의도 들으러 다니는 등의 나름의 자기계발을 시작했는데 그 중 어느 것에서도 일을 하며 느꼈던 만큼의 만족감이 채워지지 않는다는 것이었다. 그러면서 "지금 내가 왜 이러고 사는 거지?"라는 질문을 하기 시작했다.

진지하게 앞으로의 인생에 대해 얘기 나눠보지 못한 부부 관계, 막연한 둘째에 대한 동경과 급작스러운 퇴사로 인해 준비되지 않은 경력 관리. 나는 내가 다시 자립하지 못하고 있는 것을 사회 탓, 하늘 탓, 남편 탓을 했다. 내 삶을 어떻게 꾸려가야겠다는 주체적인 인생의 목표를 정하지 못한 것, 내 인생의 주인으로서 내가 진정 원하는 것이 무엇인지 올바르게 질문을 하고 답을 찾지 못한 것이 현실에 불만족인 지금의 나를 만들었던 건 아니었을까?

*

살기 위해 밖으로 나갔다

*

퇴사를 하고 유일하게 했던 것은 독서였다. 10년 전 공부를 마친 이후로 책을 읽은 기억이 없었다. 심지어 육아서 읽은 것도 몇 손가락 꼽을 정도니 모든 것이 새로웠다. 육아서부터 자기계발서까지 아이 등원시키고 곧바로 도서관에 가서 하원 전까지 시간을 보내는 날들이 이어졌다. 그렇게 봄이 가고 여름이 다가오던 6월 중순, 인터넷에서 경력 단절 여성에게 추천하는 책에 대해 검색을 하다가 '퀸스드림'이라는 아이디의 블로그에 접속하게 되었다. 그리고 그 분이 리드하고 있는 '1년 살기' 모임을 알게 되었다.

'내 인생에 다시없을 1년 살기.'

1년의 목표를 정하고 그 1년을 열두 달로 쪼개어 세분화된 목표를 세운다. 매달 첫 주 토요일에 만나 서로의 목표를 말하고 실행하는 자기계발 모임.
"혼자 하는 것은 작심삼일이겠으나 함께, 같이 하면 길게 할 수 있다!" 라는 안내 문구가 인상적이었다. '어쨌거나 열심히 사는 사람들이 모이겠지' 생각하며 회비를 입금한 후 몇 주 뒤, 모임 장소인 강남역으로 가는 길, 왠지 모를 해방감이 느껴졌다. 아이를 등원시키고 하원 전까지 강의를 듣거나 도서관에 가던 평일과는 다른 뭔가가 있었다. 버스를 타고 예전 출근길을 따라 가던 중 한강을 내려다보았다. 예전에는 강을 건너도 앞만 보고 운전을 했다. 빨리 집에 가야 했고 빨리 회사를 가야 했다. 뭔가 해야만 한다는 강요 없는 상태인 지금, 초여름 햇살을 받은 물결의 반짝거림을 보고 있자니 눈물이 핑 돌았다. 목적 없이 떠돌고 있는 듯한 내 모습, 어쩌면 좋을까?

가족 아닌 다른 사람들과 이야기하고 싶다며 나간 1년 살기 모임에서 이제까지는 생각지도 못했던 경험을 하기 시작했다. 대부분이 워킹맘과 주부들이었는데, 사는 곳도 나이도 달랐지만, 변화를 꿈꾸고 성장하고자 이곳에 온 사람들이었다.
리더인 퀸스드림 님이 이전 1년 살아본 경험담을 펼쳐 놓는 것으로 첫 번째 모임이 시작되었고, 나는 지금까지 1년째 매달 첫 주 토요일 그들을 만나러 나가고 있다.
이제껏 살면서 한 번도 하지 않았던 질문을 나 자신에게 해본다. '내 인생의 WHY는 무엇인가?' '나는 다른 사람과 무엇이 다른가?' '어떤 말을 들었을 때 가슴이 설레는가?'
인생을 돌아보고 의미를 찾았고, 또 그 안에 희망과 미래를 찾아가는 과정들의 답이 있었다. 이런 내용을 가지고 다른 사람들과 한 달에 한 번씩, 1년 동안 함께 나누다 보니 연대의식이 절로 생겨났다. 무조건적인 응원과 지지, 할 수 있다는 믿음. 모르는 사람은 "남이니깐 그냥 뱉는 말들일 걸?" 하겠지만 우리 멤버들 스스로는 알고 있다. 서로 주고받는 응원의 메시지에는 변화를 간절히 원하는 에너지가 실려 있다는 것을.

그래서 희한하게 누군가 나서서 새로운 도전을 하자고 하면 망설임 없이 나도 하겠다며 스르르 손을 들게 된다. '바디프로필 찍기'와 '책쓰기' 도전이 그랬다. 함께하자고 하니 겁이 없어지고 처음부터 성공한 듯한 자신감이 생기는 이유는 뭘까? 아마도 옆에서 서로가 '나를 이기는 힘을 주고받아 생기는 용기' 아닐까 싶다. 그 용기로 나는 내가 할 수 있는 소소한 일거리를 만들기 시작했다. 돈 안 되는 일거리지만 재미가 있었고, 다시 나를 발견하는 진지함도 생겨났다.

*

오래 보아야 아는 것

*

1년 살기 모임에 나가기 시작했을 때쯤, 마을의 작은 도서관에서 진행하는 교육에도 참석하기 시작했다. 도서관 주변의 숲을 기반으로 한 드로잉 강의였다. '그림 그리기라니!' 대학을 졸업하면서 나는 다시 그림 그리겠다는 생각을 해본 적이 없었다. 손재주가 있어 기교는 충분했으나 소위 "아티스트라고 불릴 만한 독창적인 끼가 나에게 있는가?"에 대한 물음을 회화과 전공 4년 동안 했었고, 결국 답을 찾지 못한 나는 디자인 회사로 취업을 선택했다. 이후 그림에서 손을 놓았고 그것에 대한 미련이나 후회는 없었다. 디자이너라는 직업도 예술이라는 카테고리 안에서 연결되어 있는 거라 여겼고, 그렇게 경력을 쌓아왔는데, 결국 돌고 돌아 정확히 17년 만에 나는 다시 그림을 그리기 시작했다.

녹슬지 않고 잘 그려내는 손을 보니 새삼스러웠다. 나한테 잘하는 것이 이렇게 있었지… 하며 우쭐해지는 기분이 드는 것을 보니 결국 나는 손으로 만들고 손을 움직여서 살아야 하는 사람이었나 하는 생각도 들었다. 처음 그린 것은 숲길 바위 옆 낮은 곳, 아주 작은 잎이 달린 들꽃이었다. 주변에 물어보니 이름이 '꽃마리'라 했다. 인터넷을 검색해보니 너무 하찮아서 꽃말이 없는 그냥 풀꽃이란다. 허리를 숙이고 무릎을 구부려 자세히 봐야 보이는 꽃. 꽃마리에 관한 시가 있었는데, 그 시 말미의 글귀가 가슴에 박혔다.

'저 오래 보아야 사랑스럽습니다. 자세히 오래 보아주세요.'

오래 보아야 아는 것.

그러고 보니 난 이제 겨우 몇 개월 쉬었고, 인생을 살아온 날보
다 더 많이 살 텐데 무엇이 그리 조급했을까? 라는 생각이 들었
다. '그래 천천히 가보자!' 그동안 챙기지 못한 것들, 건강, 가
족 그리고 나. 내가 원하는 게 무엇인지, 그동안 바쁘게 살면서
놓친 것은 무엇인지 알아가는 시간이 필요했기에 나름의 목표
를 세우고 집중하기 시작했다.

제일 처음, 운동을 등록했다. 건강해지고 싶었다. 예전엔 마른
나를 보며 주변에서는 언제나 걱정들이 많았다. 나 역시도 "체
력이 부족해" 라며 일을 미루거나 귀찮아했던 것들을 당연하게
여겼다. 이젠 더 이상 핑계를 댈 수 없었다. 아이를 등원시키
고 나서 무조건 운동을 하러 갔다. 그 시간이 한 달, 두 달 지나
고 1년쯤 되자 자신감이 생겼다. 연초에 비전보드를 만들면서
"매년 바디프로필을 찍겠습니다!" 라고 선언하고 나니 안 할
수도 없게 되어버렸다. 건강한 몸에서는 긍정의 에너지가 나왔
고, 그 에너지는 정신을 건강하게 만들어줬다.

가족들과 많은 시간을 보내려고 신경을 썼더니 아이의 반응이 제일 빨랐다. 엄마와 다양한 경험을 하면서 아이의 생각주머니는 하루가 다르게 커졌고, 나의 노력보다 더 많은 즐거움을 가족들에게 나눠줬다. 함께 많이 웃었고, 걸었고, 뒹굴었다.

하지만, 남편과의 어색한 분위기는 오래 갔다. 나를 찾겠다고 밖으로 나가기 시작하며 난 '내가 어떻게 살고 싶은지, 나는 어떤 사람인지, 나는 무엇을 꿈꾸는지' 혼자서 떠들어댔다. 반면 남편의 꿈이 무엇인지 궁금해했던 적이 있었나? 결혼한 지 10년이 넘어가는 데도 서로가 원하는 것을 진솔하게 나눠본 적이 없다는 것을 알았다. 결혼을 결심할 때도 필요에 의한 선택이었고, 내 삶이 팍팍해지면 제일 먼저 옆에 있는 신랑을 공격하기 마련이었다. 무조건적인 믿음은 없다는 것. 서로의 생각을 말하고, 묻고, 그것들을 함께 만들어가는 일련의 과정들이 필요할 때 난 내 문제가 크다는 이유로 지나쳤다. 어쩌면 내 의지대로 공부하고, 직업을 정해서 경력을 쌓아 나가던 외적성장만이 중요했던 것 아닐까?

이제서야 가족과 그 안의 부부에 대해 돌아보기 시작했고, 건전한 실랑이(?)를 하며 새롭게 관계를 다시 다져가는 중이다.

일자리나 직업을 갖는 것에 대해서도 다양한 시도를 하는 중이다. 경력 단절 여성의 재취업을 돕는 기관이나 단체들을 통해 직업 설명회나 강의를 들으면서 나와 맞는 직업에 대해 고민하고, 문화, 예술계에서 이루어지는 다양한 활동을 엿보는 시간도 가졌다. 대충 훑어보던 것과 실제로 알게 되었을 때의 차이는 많았다. 이런 거 저런 거 1년 동안 접해본 것들을 돌아보면서 명확히 한 가지는 알 수 있었다. 나는 정말 내가 즐겁게 할 수 있는 일을 찾고 있다는 것이다.

잘하는 것과 좋아하는 것. 모든 사람들이 이 두 가지를 두고 일을 고를 때의 기준으로 삼는다. 물론 잘하다 보면 좋아하게 되고 좋아하다 보면 잘하게 될 수 있다. 하지만 돈을 벌고 싶다고, 자존감을 되찾겠다고 아무 일이나 시작할 수는 없었다. 진정 내가 즐기고 좋아하는 일, 다시 사춘기가 온 듯 40살에 진로 고민을 하고 있지만 나의 고민은 20대의 그것과는 다르다. 아이와 함께 성장하고 싶다는 간절한 바람이 있고, 이제 만나는 직업은 나이 60이 넘어서도 할 수 있기를, 연륜과 함께 깊어질 수 있는 것이길 바란다는 것이다.

*

나를 위한 선택

*

시간이 흘렀고 새해가 되었다. 그리고 결국 나는 '나를 위한 선택'을 했다. 연이은 시험관 시술에 실패하자 과감히 둘째 갖기를 포기했다. 아이에게 동생을 만들어주지 못한 아쉬움과 첫째를 주변의 도움으로 키웠으니 둘째는 내 손으로 키워보겠다는 다짐을 내려놓는 것은 쉽지 않았다. 나름대로 최선을 다했으나, 생명은 노력한다고 해서 주어지는 것은 아니었다. 다만 후회나 미련이 없으니 그것으로 충분했다. 아이를 갖겠다는 욕심을 내려놓으며 곁에 있는 아이에게 좀 더 집중했고, 무엇보다도 내가 하고 싶은 것과 원하는 것에 관심을 좀 더 기울였다.

1년 전 슬픔에 빠져 계속 집 안에서만 머물렀더라면? 둘째 갖기를 주저하고 노력해보지 않았더라면? 남편의 말만 듣고 모임 나가기를 포기했었더라면? 난 지금 어떤 모습을 하고 있을까?
퇴사 이후 워킹맘에서 전업주부로 넘어오면서, 앞으로 아이를 돌보며 사는 시간을 어떻게 채울 것인지, 아이가 곁을 떠난 50

이나 60세 이후 나의 노년을 어떤 모습으로 만들어갈까? 라는 고민을 시작했다. 아직은 막연한 상상 같지만 결국 모든 것이 현재를 열심히 살게 하는 원동력임을 알았다. '입학 - 졸업 - 취업 - 결혼'으로 이루어졌던 보편적인(?) 인생에서 좀 벗어났다고 호들갑 떨며 낙오자가 된 기분으로 살 필요도 없었다. 정해진 날짜에 일정 금액 이상의 월급이 찍히지 않았을 뿐이지 주변에는 가치 있는 일들을 할 수 있는 기회가 충분히 있다는 것도 깨달았다.

*

나만의 속도로 사는 인생

*

사는 게 무엇인지? 어떻게 사는 것이 잘 사는 것인지? 에 대해 스스로에게 질문을 해본 적이 있다. 성실한 남편을 만나 돈 모아서 집 장만하고, 아이 잘 키워서 대학 보내고 노후를 맞이해서 여행 다니는 모습이 내가 아는 유일한 잘사는 모습이었다. 어느 누구도, 그렇게 살라고 한 적 없고 강요한 적 없다. 누군가가 던진 말에 왜 나도 그래야 한다고 생각하게 된 걸까? 지나고 보니 생각했던 대로 잘 살기 쉽지 않은 게 세상이고 무엇보다 사람들도 그렇게 살고 있지 않았다. 내가 지난 1년 남짓 만난 사람들은 다들 저마다 각기 다른 모습으로 만족하며 살아가고 있었고, 행복한 얼굴을 하고 있었다.

1년 살기 모임에서는 1년의 절반쯤 보내고 나면 중간 발표를 한다. 목표에 얼만큼 도달했는지, 지내면서 느낀 점이 어떤 것인지 등을 나누는데, 나는 시작할 때 정한 목표 중 변경된 것들이 꽤 많았다. 욕심 부려 작성했던 처음의 목표는 결국 군더더기가 빠지며 정말 소망하는 것들로 채워졌다. 모임의 어떤 이는 목표했던 대로 강의를 지속적으로 하고 있고, 다른 이는 개인 출판을 하고, 여전히 직장에서 잘 나가는 워킹맘들도 있다. 그 사이에 나는 초라하게 느껴질 수밖에 없는 처지였다.

그럼에도 불구하고 난 "나만의 속도로 내 인생을 살아가겠다"라고 하였다. 어떤 선택을 해도 내가 원하는 대로만 살아지지 않는다는 것을 알게 되어서일까? 예전 같으면 어느 무리에서나 최고가 되어야 한다며 스스로를 채찍질하던 욕심 많은 나였다. 이런 내가 괜찮아, 라며 다독이고 있으니 최선을 다한 것만으로도 충분했고, 될 거라 믿고 이루어가는 과정이 나를 더욱 성숙하게 만들어줬다고 생각한다.

잘 나가던 직장에서 임신 때문에, 출산 때문에, 육아 때문에 퇴사를 하고 우울하다면? 아직까지 한국 사회에서 여성으로서 할 수 있는 선택의 폭이 얼마 되지 않는다는 것, 직장에서 원하는 자리까지 올라가려면 어떤 것을 포기해야 하는지 잘 알고 있다면? 이왕 이렇게 된 거 육아하면서 진정 내가 원하는 것

◀ 7살 호진이가 그려준 엄마

에 집중해보는 시간을 갖고 그것을 발전시켜 보면 어떨까? 워킹맘들도 결국 다른 듯 비슷한 고민을 할 것이다. 일과 가정 사이에서 내 인생을 살아내는 것에 대한 중요성은 알지만, 아이가 아프다는 어린이집 선생님의 전화를 받을 때면 회사를 그만두고 싶다는 생각을 하게 된다. 하지만 또 그 고비를 잘 넘기면 살아지는 것이 인생이라고 선배맘들은 말한다.

'정답 없는 삶'에 당당하게 맞서겠다고 다짐한 게 얼마 안 되었다. 어떤 선택을 하더라도 그것은 또 다른 시작을 위한 결정이고, 인생의 속도에는 개인차가 있다는 것을 인정하고 나니, 느리게 가도 빠르게 가도 결국 모두가 원하는 것은 '나를 위한 행복'이었다. 어느 유명 강사가 그랬다.
"나가지 않고, 나서지 않으면 아무 일도 안 생겨요!"

내가 한 것은 퇴사 이후 아이를 키우면서 도서관에 갔고, 혼자서 책을 읽다가 모임에 나갔고, 그 모임에서 꿈동지들을 만난 것이다. 그리고 그들과 일을 벌이면서 내 꿈도 키워가고 있다. 꿈이 어떤 식으로 실현될지 모르지만 분명한 것은 1년을 보내며 나는 내가 왜 살고 있는지 알게 되었고, 건강한 인생의 목표를 설정하여 당당하게 살아가고 있다는 점이다. 이것을 발판으로 앞으로의 1년은 지난 1년과는 다를 것이라 확신한다.

내 인생에 다시없을 1년 살기. 시작은 누구나 조금의 용기만 있으면 할 수 있다. 비장한 각오나 다짐까지는 필요없다. 내가 원하는 것 단 한 가지만 정해서 천천히 다른 사람들과 발맞춰 살아가도 충분하다. 그렇게 한 달 두 달 지나다 보면 아무도 예상하지 못했던 변화가 있을 거란 사실을 알려주고 싶다.

부디 혼자가 아닌 꿈동지들을 만나서 함께 시작하라! 그리고 자신의 길을 찾아가길 바란다. 그 시간들이 쌓이고 쌓여 당신이 혼자서 하지 못했던 것을 분명히 이루게 되는 1년을 만들어 줄 것이다.

PART 3

다시 사춘기,
나를 사랑하는
시간

이주영

(순간)

프리랜서 웹개발자.

1년 넘는 출산육아휴직을 끝내고 복직을 했다. 남자 수가 월등히 많은 조직에서 더 열심히 일해야 한다는 비장함을 장착했다. 열이 난 아이가 대학병원 응급실에 실려갔는데 바로 달려가지 못했다. '나 이대로 괜찮은 게 맞나?' 마음이 흔들렸다. 살면서 가장 절실히 다른 세상으로 눈을 돌려야 한다는 생각을 하게 되었다.

SNS에서 만난 사람들과 일정기간 동안 공통의 목표를 단톡방을 통해 달성하는 것이 유행처럼 번지고 있었다. 새벽기상이나 해보자는 마음으로 미라클모닝 카톡모임을 시작했다. 멤버 한 분이 《아티스트 웨이》라는 책으로 모닝페이지를 적어보자고 했고, '변화'에 앞서 나를 먼저 알아야 한다는 걸 깨달으며 〈나깨순(나를 깨우는 순간)〉 프로젝트를 시작했다. 마음가짐이 바뀌었고 인연이 되어 '1년 살기' 모임을 알게 되었다.

하고 싶은 일을 하며 살 수 있다고 여섯 살 딸에게 몸소 보여주기 위해 꿈을 향해 달리고 있다. 아이만 키우는 것이 아니라 엄마로서 동반성장하고 있는 지금이 가장 행복하다.

평범한 삶이라 쓰고
노예라 읽는다

* * *

이주영 (순간)

* * *

나는 특별할 것 없는 평범한 삶을 사는 대한민국 40대 여자 사람이다. 나 자신을 대단하게 생각해본 적도 없고 학창시절 눈에 띄는 아이도 아니었다. 그래도 무슨 자신감인지 막연히 난 잘될 사람이라고 뇌 한켠에 나에 대한 긍정의 씨앗을 뿌려 놓았다. 도대체 그 씨앗은 언제 싹트려는지 결혼과 출산을 거쳐 워킹맘으로 살아가는 지금까지 감감무소식이다.

뉴스에서 젊은 부부들이 직장은 서울인데 비싼 집값 때문에 경기도로 밀려간다는 내용이 나오면 그건 내 얘기다. 늦은 결혼과 맞벌이 양육문제 어쩌고저쩌고 하면 그것도 내 얘기다. 뉴스에서 말하는 사회적인 현상 안에 항상 내가 있다.

그럼에도 전반적으로 행복했다. 투덜거리며 다해주는 츤데레 남편과 엄마(찌찌)를 최고로 아는 내 아기와 함께하는 시간은 소소한 행복을 안겨주었다. 웹개발이라는 경력을 이어가며 돈 벌 수 있는 내가 좋았다. 대충(악착같이 말고) 부지런히 모아 대출받아 내 집도 마련하며 무난하게 일상을 꾸려갔다. 욕망은 있었으나 현(실자각)타(임)가 오면 묵묵히 원래대로 살았더랬 다. 남편은 큰 욕심은 없는 듯하지만 로또와 연금복권을 꾸준 히 사고 있다.

그러던 어느 날, 평범한 일상을 깨는 순간이 왔다. 1년 넘는 출 산육아휴직을 끝내고 복직을 했다. 양가 부모님이 먼 지방에 계시기 때문에 육아 서포트는 생각도 할 수 없었는데 다행히 아이는 남편 직장어린이집에 입소했다. 복직을 앞두고 그간 공 백은 적응에 대한 두려움으로 다가왔고, 스스로 내 상황을 핸 디캡으로 여기고 긴장하고 있었다. 당시 내 주변에 육아휴직 후 돌아와 회사를 다니는 사람이 없었고 나에게 괜찮다고 충분 히 잘할 수 있다고 격려의 말을 해줄 선배가 없었다. 그래서 남자 수가 월등히 많은 곳에서 워킹맘이라 일하기 불편하다는 선입견을 없애는 데 일조해야 한다는 비장함까지 장착했다.

복직 후 맡은 프로젝트는 다른 곳보다 기본 한 시간 더 일하는 데다 야근이 잦았고 업무일정 조정이 불가했다. 정시퇴근하고 날아가듯 집에 가도 7시 30분이니 아이를 데리고 다니는 남편의 역할이 컸다. 밥 먹이고 씻기는 등 육아 비중도 남편에게 자연스레 기울었고 덕분에 딸이랑 아빠는 돈독해졌으니 나쁜 것만은 아니라고 위로했다.

어린이집을 다니기 시작하면서 아이는 감기에 자주 걸렸고 고열이 나기 일쑤였다. 남편도 나도 아이 아픈데 휴가를 다 털어넣었다. 아침에 웃으며 인사하고 헤어진 아이가 열이 난다는 어린이집 전화를 받았다. 열이 내리지 않아 결국은 남편이 대학병원 응급실에 데리고 갔고 대구에 계신 엄마를 급히 호출해서 오시게 했다. 나는 그날도 야근이었고 대신할 사람이 없는 일이라 회사에서 발만 동동 구를 수밖에 없었다. 전화 너머 아이의 울음소리에 가슴이 찢어졌다. 당장 가고 싶지만 이러지도 저러지도 못하고 화장실에서 눈이 퉁퉁 붓도록 울고 겨우 진정

시키고 일을 마무리했다. 무슨 정신으로 일했는지 모른다. 그나마 일찍 끝난 게 9시였고 택시를 타고 병원으로 향했다. 아이는 링겔을 꽂고 소변검사대를 하고 있었는데 아홉 시간을 억지로 소변을 참고 있었다. 울다 지친 몰골의 내 아기는 엄마를 보자마자 통곡을 하면서 안겨 떨어지지 않았다. 나 이대로 괜찮은 게 맞나? 마음이 흔들렸다. 내가 왜 일을 하는지, 우선순위대로 살지 못하는 삶이 옳은가? 라는 생각을 했다. 내가 정말 해야 할 것을 하지 못하는 삶은 노예의 삶이다. 그 순간 뛰쳐나가야 한다는 생각이 드는데도 그렇게 못한 내가 노예 같았다. 아이가 나를 필요로 하는 상황에서 옆에 있어야 했다.

그땐 왜 그렇게 못했을까? 지금 생각하면 나 자신보다 주변 평가를 신경 썼던 것 같다. 일을 못 이어나갈까 두려웠던 것 같다.

결국 내가 원하는 근무환경이 아니면 차라리 그만둬야 한다는 생각에 이르렀다. 아이가 폐렴으로 입원했을 때, 나는 일을 그만두겠다고 말했다. 나는 종교가 없는 사람이지만 기도를 했다. 아이와 가까이 있을 수 있고 워라밸이 가능한 일자리를 달라고 말이다. 인터뷰를 볼 때마다 아이가 어려 야근을 거의 할 수 없다고 당당히 말했다. 더 이상 엄마라는 포지션을 스스로

핸디캡으로 여기지 않겠다고 다짐했다. 다행히 기도를 들어주셨는지 나는 남편과 가까운 곳에 일자리를 얻어 매일 아침 우리 가족이 같이 출퇴근을 할 수 있게 되었다.

그때 나는 살면서 가장 절실히 다른 세상으로 눈을 돌려야 한다는 생각을 하게 되었다. 내가 평범한 삶이라 생각한 현재는 더 이상 평범한 것이 아니었다. 외부에서 흔들어도 꿈쩍하지 않는 반석위에 집을 만들어야 했다.

부자가 되고 싶다. 일은 하고 싶다. 아이를 내가 케어하면서도 내 일을 할 수는 없을까? 정신없는 아침시간, 아이 준비물은 잘 챙겨 나오면서 정작 내 외투는 두고 온 추운 날, 오들오들 떨면서 생각했다. 아이 엄마지만 좀 더 우아하게 살 수는 없을까?

*

난 모자란 사람일까?
비교하지 말고 나만 들여다보기

*

좀 더 나은 내가 되어야 하고 더 넉넉한 경제적 여건이 되어야 했다. 블로그와 재테크 카페를 드나들기 시작했다. 부동산 강의, 성공학 강의에 한동안 중독된 듯 빠져들기 시작했다. 책이나 강의를 가까이 하지 않을 때는 강의를 듣기 위해 시간을 내서 들으러 가는 자체가 대단한 실천이었다. 강의를 듣고 열정을 수혈하고 나면 그 자체로 뭐라도 할 수 있을 것만 같았다. 하지만 오래 가지 않아 행동에 옮기지 않는 내가 못나 보이고 좌절감을 느끼게 되었다. 나만 빼고 남들은 다 열심히 하는 것 같았다.

남들은 강의를 듣고 맨날 임장 다니고 경매물건을 검색한다. 주식도 이익이 나는지는 모르겠지만 부지런히 사고팔고 한다. 새로운 것을 기획해서 제품을 내놓는 블로거를 보면 부러워 미치겠다. 도대체 그런 열정은 어디서 나온단 말인가? 거기다 새벽에 일어나고 독서도 그렇게 열심히 한다. 내가 덜 절실해서 그런가? 그들과 나는 도대체 뭐가 다른데? 여러 가지 생각이 들기 시작했다. 비전보드를 만들려고 리스트를 적고 이미지를 찾는데, 진짜 이거 내가 하고 싶은 것 맞나? 몇 가지는 내가 정말 가지고 싶은 것이었고 나머지는 채우기 힘들어 남들이 만든 것을 보고 나도 저거 괜찮을 것 같아, 하고 붙이고 있었다. 왜 내가 하고 싶은 것, 갖고 싶은 것을 적는데 그것마저 컨닝을 해야 된단 말인가? 그렇게 다시 한 번 내가 부족한 사람이라고 확인하는 순간이었다. 도대체 나는 어디서 시작해야 할까?

SNS에서 만난 사람들과 일정기간 동안 공통의 목표를 단톡방을 통해 달성하는 것이 유행처럼 번지고 있었다. 나도 새벽기상이나 해보자는 마음으로 미라클모닝 카톡모임을 시작했다. 멤버 한 분이 《아티스트 웨이》라는 책으로 모닝페이지를 적어보면 어떻겠냐고 제안하셨다. 《아티스트 웨이》는 창조성 워크샵이라는 부제를 걸고 내 안의 무의식을 깨워 창조성을 얻기 위한 프로그램을 12주로 만들었다. 매일 모닝페이지를 써야 했고 매주 과제가 있었다. 매일 인증하지는 않았지만 1~2주 사이 카톡으로 진행이 어떤지 이야기를 나눴고 한 달에 한 번 오프라인에서 만나서 이야기를 나눴다. 한 주의 과제에는 많은 질문들이 있었고, 모닝페이지를 적을 때 나는 질문에 대답하는 형식으로 썼다. 어린 시절부터 현재와 미래까지 이어지는 질문에 매일 답하는 과정은 쉽지 않았다. 지금까지 나에게 이렇게 질문을 던져본 적이 있었던가? 신선한 느낌이었다. 책 안에 있는 모든 질문과 과제를 다 수행하지 않았지만 (다 수행했다면 정말 나는 아티스트가 되었을 것이다) 잠시나마 나에 대해 생각을 했고 나를 둘러싸고 있는 현실과 내가 원하는 것에 대한 진지한 고민을 했다. 2018년 1월, 왜 나는 운명처럼 이 책을 만나게 되었을까? 나한테 억눌려 있던 불만과 욕구를 들여다봤다. 그리고 좀 더 외면과 내면이 일치하는 삶을 살고 싶어졌다.

조금 더 적극적으로 새로운 세상을 만나기 위해 밖으로 나가 보기로 했다. 블로그 생활을 좀 더 열심히 했고 주말엔 혼자만의 시간도 가지고 다양한 사람들을 만나기 시작했다. 지금 당장 내가 해야 할 것이 뭔지 명확하지 않았지만 어느 때보다 의욕적인 나였다. 그동안 하지 못한 시도를 하나씩 하기로 했다.

*

1년 살기

*

마음가짐이 바뀌고 난 후 다른 사람과 비교하기보다 내가 진정 원하는 것을 찾기 시작했다. 그리고 누군가에게 기대려는 마음 대신 주체적이고 능동적으로 살고 싶은 마음이 커졌다. 예전에는 많은 강의를 소비하며 지냈다. 물론, 그것도 헛되지 않았다고 생각한다. 우물 안 개구리였던 내가 새로운 세상을 접하는 계기가 되었다. 강의를 들으러 나가면 나와 에너지가 통하는 사람들을 만나게 된다. 그 인연으로 오래 안부를 묻고 연락을 하며 지내는 사람들이 생겼다. 그것이 연결되어 '1년 살기' 라는 모임을 알게 되었다.

각자 1년 목표를 세워 완주를 하는 과정에서 서로 증인이자 응원단이 되어줄 수 있을 것 같았다. 7월부터 1년 살기에 합류했다. 제일 먼저 1년 목표를 정한다. 그리고 그 목표를 이루기 위한 실행계획을 매달 적는다. 다소 흐릿한 목표도 실천을 시작하면 더 명확해질 거라 확신했다.

계획표는 내게 의미 없는 것이라고 생각했었다. 초등학교 때 방학 전에 만드는 동그란 원 안에 적어넣는 시간별 계획표는 애초에 지키기 힘든 것이었고 한번도 그대로 해본 적이 없었다. 중고등학교 시절 학교수업 시간표가 아닌 이상 내가 세운 공부계획표대로 된 적도 없었다. 삶은 원래 물 흐르듯 흘러가는 대로 사는 게 당연하다 생각하며 살았다. 지금 못하면 나중에도 못하는 것이라 여겼다. 결혼 전에는 즉흥적으로 하고 싶은 걸 해버리는 경우도 많았다.

그랬던 내가 진짜 원하는 목표를 고민하고 목표를 넘어 방향성을 생각하며 계획을 세웠다. 1년 목표를 적었지만 그 방향성은 더 멀리를 내다보았다. 직장인으로 남아 있지 않고 내가 기획하는 일을 하고 싶다는 것, 건강하고 아름다운 인생이라고 스스로 만족하며 살고 싶다는 것, 내 인생을 남의 손에 맡기지 않고 주체적으로 살겠다는 것. 그렇게 인생을 스스로 만들며 사는 게 내 삶의 방향이다.

2018년 한 해를 나는 계속 나를 알아가는 데 시간을 쓸 운명이었나 보다. 1년 살기를 하면 두 번의 발표를 하게 되는데, 시작할 때 한 번, 1년을 마무리할 때쯤 한 번 한다. 그 또한 돌아보는 시간이 되어주었다. 다른 길을 걸어온 사람의 발표는 각자가 주는 메시지가 달라서 생각해보지 못했던 것을 깨닫는 기회가 되었다. 평범한 사람들의 삶이 얼마나 가치 있는지 알게 되고 숙연해지는 시간이었다. 새로운 출발점에 서보고자 하는 마음을 공통적으로 느낄 수 있었다.

모임의 의미는 너무나 컸다. 모임에 나온 분들은 본인이 변하고 이루어가는 모습에 대해 서로에게 증인이 되어준다. 또 누군가의 성장을 축하하면서도 자극을 받아 나도 할 수 있다는 용기를 얻는다. 겉으로 보기에 누군가는 느리고 천천히 가지만 내면은 점점 더 단단해져 빛을 발할 날이 얼마 남지 않았다는 느낌을 받기도 한다. 내가 힘들 때, 매달 자신의 이야기를 들려주는 그녀들에게서 버틸 힘을 받기도 한다.

어느새 성큼 무언가를 저지르고 잘되어 저 앞으로 나아간 블로그 이웃을 보며 나도 모르게 눈물이 났던 적이 있다. 그에 비해 난 뭐하고 있는지 느리디 느린 내가 답답했다. 9월 모임에서 나는 이 눈물 난 사건에 대해 이야기하며 스스로 마음을 다잡고 비교를 멈췄다. 천천히 가더라도 포기하지 않고 생각의 크기를 키우며 이부자리 정리 같은 정말 작은 것부터 하나씩 해나갔다. 비록 한 달 동안 각자 사는 거지만 매월 첫 째주에 만나서 이야기 보따리를 풀 수 있게 힘을 냈다. 한 달 계획을 다소 무리하게 짰지만 달이 갈수록 달성률은 조금씩 올라갔다. 계획 중에 내가 가치를 두는 최우선 순위를 위주로 지켜나갔다.

모임에 소극적으로 참여하기보단 내가 만들어 나가는 것을 경험하고 작은 거라도 기획해서 제안하고 싶었다. 다행히 리더인 퀸스드림 님은 그런 제안을 대환영했다. 다른 강의를 듣고 나면 내가 얻은 것을 1년 살기 벗들과 나누고 싶었다. 내 비전보드를 업데이트하기 위해 '꿈도화지 만들기' 모임에 참여하게 되었다. 사진을 모으고 만든 다음 발표를 하는 시간을 가졌다.

하고 싶은 게 분명하니 사진 찾기가 재밌었고 남들 앞에서 발표하는 시간이 즐거웠다. 내가 정말 이루고자 하는 일들을 붙여 놓았기 때문이다. 이 즐거움을 나만 느끼긴 아까웠고 우리 1년 살기 멤버라면 충분히 잘 만들 수 있고 재밌어할 거라 생각했다. 비전보드 만들기를 제안했을 때 퀸스드림 님은 역시 적극적으로 받아주셨고 헬렌님은 디자인을 해주겠다고 마음과 재능을 아낌없이 지원해주셨다. 비전보드 만들기 가이드를 공유하고 각각 사진과 내용을 전달해주면 헬렌님이 손수 포토샵으로 예쁘게 만들어주셨다. 나는 그 파일을 받아 점심시간 회사 근처 제본집으로 달려가 프린트했다. 1년 살기 벗들의 예쁜 꿈을 한아름 안고 걷는 발걸음이 얼마나 설레었는지 모른다.

새해를 맞아 1월 모임에서 우리는 각자의 꿈을 발표했다. 멤버들이 꿈을 이야기하며 반짝이던 눈빛을 잊을 수 없다. 그 꿈을 서로 지지하고 어떤 것은 함께 이루어 나가게 되었다. 바로 책 쓰기와 다이어트다.

처음 1년 살기 달력과 다이어리가 떠올랐을 때를 기억한다. 11월 모임을 하고 집에 가는 차에서 1년 살기 취지에 맞는 굿즈가 있으면 좋겠다는 아이디어를 퀸스드림 님께 이야기했고 멤버를 꾸려 실행에 옮기기로 했다. 매우 더뎠지만 조금씩 시간을 내서 시장조사를 하기 시작했다. 디자인, 비용문제 등으로 좌절의 기운이 흐를 때도 그냥 되게 해보자, 라고 말했다. 내가 원래 이랬나? 쉽게 되면 재미없잖아? 하면서 방법은 찾으면 어떻게든 될 거란 근거 없는 자신감도 생겼다. 일을 꾸미면서 늘 생각했던 건 이 일을 함으로써 우리에게 얼마나 큰 용기를 줄까, 나에게 이 경험이 얼마나 의미 있는 일인가를 생각했다. 나비의 날개짓이 되기를 바랐다.

생각대로 되지 않는 게 인생이라고 했던가? 다른 모임에서 알게 된 북디자이너에게 조언을 얻다가 출판사와 연결이 되었고 책과 다이어리를 동시에 출판하게 되었다. 멤버와 힘을 모아 1년을 멋지게 살 수 있게 도와줄 《1 YAER DIARY: 다시, 시작하는 1년 다이어리》가 만들어졌다. 생각대로 되지 않아 더 멋진 경험을 하게 되었다.

내가 작은 아이디어를 냈을 때 누군가 적극적으로 받아주고, 거기다 실행에 앞장서주는 리더가 있다는 것에 늘 감사한다. 나도 다른 분들의 소중한 생각을 지지해주는 사람이 되어 보답하고 싶다.

2018년 한 해는 무엇을 하든 주체는 본인이어야 한다는 걸 확인

한 시간이었다. 사람과의 관계도 주체적이어야 한다고 생각한다. 누군가에게 기대서 무언가를 시작한다면 내 기대치와 목표와 다른 방향으로 가도 통제할 수 없는 상황이 올 수도 있고 잘못되었을 때도 남탓부터 하게 될 것이다. 멘토는 말 그대로 경험과 지식을 바탕으로 조언해주는 사람이다. 그 조언이 방법을 알려주고 실패를 줄여줄 수 있지만 절대적인 것은 아니다.

사람마다 상황과 경험은 다 다르기 때문에 자신의 성장을 위해 꼭 거쳐야 할 시간이란 게 있는 것 같다. 겉으로 보기엔 정체되어 있는 것 같지만 내 길을 알기 위해 시행착오를 반복했던 시간은 결코 헛되지 않았다고 생각한다. 강의를 많이 들어봐야 좋은 강의를 알고 책을 많이 읽어봐야 직관적으로 좋은 책을 고를 수 있는 것처럼. 그 길고 지루한 시간, 조금이나마 덜 지치기 위해 뜻이 맞는 사람과 함께하는 것이다.

요즘 SNS를 통해 형성되는 인간관계도 많다. 어찌 보면 가벼울 수 있는 사이지만 그 안에서도 신뢰를 가지고 제대로 된 인간관계를 만들 수 있다고 생각한다. 모든 걸 다 내보일 필요는 없지만 서로에게 진심어린 응원의 말을 건넬 수 있는 만남을 했으면 좋겠다.

1년 살기를 함께한 2기 벗들이 내게는 그런 사람들이다. 이 글

을 쓰면서도 이 멤버들과 같이 저지르고 싶은 즐거운 기획으로
가득하다.

*

나를 깨우는 순간:
내가 주체인 삶으로 가는 첫 걸음

*

수학은 기초가 탄탄하지 않으면 잘할 수 없는 과목이다. 방정
식을 모른 채 인수분해나 미적분을 할 수 없다. 수포자에 가까
웠던 내가 공대에 갔다. 큰 후회가 밀려왔다. 통신공학, 신호이
론 등 모두 미적분 수식이 가득한 수학 과목이었다. 그나마 기
초수학 과목을 신청해서 들었던 게 도움이 되었다. 삶이라는
것도 그런 것 같다. 내가 누군지 어떻게 살고 싶은지 스스로 고
민해보지 않고 부모님 또는 사회가 바라는 모습에 맞춰 살려고
애를 쓰다가 어느 순간 피할 수 없는 질문에 맞닥뜨린다. 나는
무엇을 위해 이렇게 살고 있지? 이 질문에 대답을 어렴풋이라도
할 수 있어야 진짜 원하는 것을 위해 외부동기로 받은 힘이 떨어
져도 내적동기를 통해 포기하지 않고 나아갈 수 있다.
나에게 기초수학과 같은 존재가 《아티스트 웨이》와 '1년 살

기' 였다. 나에게 자꾸 질문을 던져본 시간을 통해 나는 조급함에서 벗어나 주변에 덜 흔들리게 되었고 슬럼프가 와도 빨리 회복할 수 있게 되었다. 그렇게 되는 데는 꽤 많은 시간이 걸렸다. 지금도 완벽하게 평화롭다고 자신할 수 없지만 힘들 때마다 내면과 만나는 시간을 통해 나는 점점 단단해져가고 있다.

12월 모임에서 "다음해에 무엇을 해보고 싶은가?" 라는 질문에 아트스트웨이 모임을 운영하는 리더가 되고 싶다고 말했다. 나를 깨우는 과정을 다른 사람들과 나누고 싶었다. 말하면 이루어진다더니 독서모임에서 뜻을 같이 할 분이 생겨 기획하기 시작했다. 《아티스트 웨이》 외 여러 책을 참고해서 질문을 선별하고 4주 과정 〈나깨순 (나를 깨우는 순간)〉 노트로 진행하는 SNS모임을 만들었다. 지금까지 2기를 진행했고, 나깨순 노트를 보강하며 다음 기수도 준비중이다. 2기는 퀸스드림 님의 후원으로 1년 살기 멤버들이 많이 참여했다. 매일 나깨순 노트에 있는 질문에 답하고 카톡방에 인증하면서 진솔하고 귀한 이야기를 나누는 시간은 나에게 힐링타임이었다.
나깨순에 참여한 분들의 온/오프라인 후기는 감동이었다. 한 분은 어린 시절을 돌아보다가 자신 뿐 아니라 많은 희생을 한 언니의 모습이 떠올랐다고 하셨다. 지금 그 언니가 많이 아픈데, 나깨순을 하면서 지금 이 순간을 놓치면 안 된다는 생각이 들어 언니와의 시간을 미루지 않기로 했다고 하셨다. 어떤 분은 본인이 리더인 독서모임에서 나깨순 질문 일부를 같이 나누다가 새벽까지 이야기가 이어졌고 자신을 오픈하며 서로를 다독이는 시간을 가졌다고 하셨다. 나 또한 질문에 대한 대답을 적으며, 하고 싶은데 미루는 것과 지금 소중한 것이 무엇인지 재확인하게 된다.

나를 모른 채 내가 원하는 삶을 주도하며 살 수 없다. 자기계발의 시작은 자신을 알려는 노력부터 출발한다. 스스로 질문하고 답하는 시간을 반드시 갖기를 권한다. 자기계발은 남들 기준에 맞춰 나를 변화시키는 것이 아니라 나답게 사는 길을 만들어가는 과정이다.

*

나의 지난 1년을 돌아보며

(feat. 가치 있는 것에 시간을 쓰는 심플하고 빛나는 삶)

*

매달 뒤돌아보고 연말에도 한 해를 정리했으니 두 번째 발표는 편하게 준비할 수 있지 않을까 생각했는데 아니었다. 다시 생각의 정리가 필요했다. 지난 1년 동안 그 어떤 때보다 많은 생각을 했고 스스로에게 묻고 답하기를 반복했다. 그 기록들이 블로그에 고스란히 담겨 있고 메모노트, 다이어리 구석에도 많은 흔적이 남아 있다. 발표 제목은 '가치 있는 것에 시간을 쓰는 심플하고 빛나는 삶'이었다.

지난 1년간 커다란 내면의 변화가 일어났고 생각이 바뀌니까 겉으로도 드러나기 시작했다. 그래서 내면 성장에 포커스를 두고 발표를 했다.

첫 번째, 추구하는 가치를 잘 알게 되었다.

《말그릇》과《자연스러움의 기술》의 저자 김윤나 작가 북토크에 갔었다. 북토크 중 "자신이 추구하는 가치를 누가 말해보라"고 했을 때 손드는 사람이 아무도 없어서 내가 용기 내서 손을 들었다. 마이크를 받아 내가 추구하는 가치를 또박또박 말했다. 그 중에 가족이 첫 번째였다.

"그 가치를 위해 시간을 어떻게 쓰고 있나요?"

예전의 나였다면 이런 질문이 날아왔을 때 당황스러웠을 텐데 망설임 없이 말했다.

"저는 작년부터 매달 계획을 세우고 있어요. 일, 가족, 건강, 경제 등으로 나누고, 아이와의 시간, 남편과 점심 데이트 하기를 비중 있게 생각해요. 그리고 한 달 뒤 되돌아보기를 하고 있어요."

박수를 받았다. 작년 1월에 아티스트 웨이를 하며 나를 돌아봤고, 1년 살기를 하며 계획 세우기를 습관화했으며, 책을 보며 내가 추구하는 가치를 다시 확인했기 때문에 준비한 것처럼 말할 수 있었다. 예전엔 상상도 할 수 없는 내 모습이다. 내 가치를 정리하면 다음과 같다. 나는 건강하고 가족과 안정된 가운데 성장하고 변화를 즐기고 추구한다. 긍정적이며 사랑과 인정을 받으면 두려움 속에서도 도전할 용기가 생긴다.

두 번째, 매사에 감사할 수 있게 되었다.

감사는 벽에 던지면 돌아오는 공과 같은 거라고 이어령 님이 말했다. 감사하는 순간 실제로 감사할 일이 생겼다. 뭔가를 새로 시작할 때 두려움이 밀려온다. 그냥 "일이 순조롭게 잘되어 감사합니다" 하고 시작했더니 걱정했던 것보다 잘하고 있는 나를 발견한다. 유난히 힘든 날을 마무리하며 그래도 감사 한 가지를 떠올리는 순간 그 하루가 의미 있어졌다. 지금 이 순간에 감사한다. 세상에 당연한 것은 없으며 모든 것에 감사한다.

세 번째, 나를 나 자체로 사랑하게 되었다.

나는 게을러, 나는 끈기가 없어, 나는 너무 평범해, 나는 모자라, 라는 생각을 하며 살았다. 내가 진정 원하는 것도 모르고 남과 비교했기 때문이다. 나를 알아가고 우러나오는 감사를 하면서 내 현재 모습을 좋아하게 되었다. 당당해졌다. 내가 나를 좋아하게 되니까 다른 사람들도 나를 좋게 바라봐준다는 걸 느꼈다. 내가 오늘을 나답게 잘 살고 있구나, 라는 생각을 하는 날이 많아졌다.

네 번째, 의지하기보다 주체적으로 살고 싶다.

나도 예전에 그랬고, 내 주변의 많은 사람들이 누군가가 길을 정해줬으면 편하겠다고 한다. 하지만 내가 만들어가는 기쁨을 알게 되니 수동적인 삶이 지루하게 느껴진다. 오늘도 내 머릿속에는 즐거운 딴짓을 벌이려고 순간순간 번득인다. 나는 지금 나답게 산다는 것, 삶을 내가 원하는 대로 만들어갈 수 있다는 믿음을 갖고 살고 있다.

다섯 번째, 두려움이 생겨도 그냥 담담하게 걸어 들어갈 용기가 생겼다.

로또가 허황된 것 같아도 일단 사는 순간 당첨 확률이 생기는 것처럼, 마음속에 있는 꿈을 지금 시도한다면 로또 당첨보다 확률이 높지 않을까? 사람들은 실패를 두려워한다. 나도 마찬가지다. 그런데 실패는 좌절만 가져다주지 않을 거라는 믿음이 생겼다. 왜 실패했을까 고민하는 시간을 갖는 것만으로도 내가 성장하는 거니까.

아이들에겐 모든 것이 놀이가 된다. 부모나 어른들이 간섭만 하지 않으면 흥미가 생기는 것에 큰 두려움 없이 시도하고 곧 몰입하는 모습을 볼 수 있다. 작은 조각 블록을 시작하던 아이가 마음대로 안 되니까 처음에는 짜증내며 울더니 집중하고 반복하다가 어느 순간 그럴싸한 걸 만들어냈다. 하고 싶은 것도, 되고 싶은 것도 많다. 공주가 되고 싶다가 의사가 되고 싶다가 토끼도 되고 싶단다. 그래서 다 해보라고 했다.

그러나 정작 나는 시작할 때 뜸을 들이게 되는 일들이 있다. 그런 건 대부분 나에게 어렵고 생소하게 느껴지는 것들인데, 그냥 놀이하듯 시도해보자고 다짐한다. 해보고 안 되면 말고 될 만하면 집중하면 되니까. 지금 아니면 언제 하겠는가.

오프라 윈프리가 그랬다.

"바로 지금이 선택해야 할 순간이다. 지금 이 순간만이 우리가 그 존재를 확신할 수 있는 유일한 순간이다. 그 자리에 머물 것인가, 무대에 나가서 춤출 것인가,의 갈림길에 섰을 때 당신이 춤을 춘다면 정말 좋겠다."

여섯 번째, 변화를 원하면 나를 변화의 중심에 두어야 한다는 걸 경험했다.

늘 다니는 길로 다니고 늘 만나던 사람만 만나 매일 하던 이야기만 나누면 아무 일도 일어나지 않는다. 나처럼 변화를 원하는 사람들이 모이는 곳에 참여해보면 특별한 에너지가 흐른다. 길에서 지나치면 그냥 평범한 사람들이지만 한 사람 한 사람의 경험은 비범했다. 그 만남으로 자극을 받고 새로운 정보도 접하게 된다. 누군가는 내가 하고 싶었던 일을 하고 있어 멘토가 될 수도 있고 내 경험이 누군가에게 필요한 정보가 되기도 한다. 겸손해지는 동시에 나도 괜찮은 사람이라는 자존감도 얻게 된다. 사람들이 모이는 곳에 가서 내가 하고 싶은 것을 말하면 신기하게도 누군가가 길을 내어주는 경험을 하게 될 것이다. 나에겐 나깨순이 그랬고 책을 쓰게 된 것이 그랬다.

내가 되고 싶은 모습을 말한 첫 번째 발표를 기억한다.

"평생을 가져갈 취미가 있고 아이에게 경험을 주고 롤모델이 되고 싶다. 내 삶을 보고 누군가가 용기를 얻었으면 좋겠다."

나는 정말 이 방향으로 나아가고 있다. 평생 가져갈 취미로 그림을 찾았다. 아이를 데리고 간 1년 살기 두 번째 발표 때를 기억한다. 발표를 마치고 자리에 왔을 때 해아가 속삭였다.

"엄마 정말 예뻤어. 그리고 글자 진짜 잘 읽더라!"

그리고 나의 평범한 이야기를 이렇게 책으로 쓰고 있다. 나깨순 온라인모임을 만들며 내가 기획노트에 적은 글을 읽으며 발표를 마무리했다.

작가는 퇴고의 과정을 거치며 불필요한 것은 덜어내고 중요한 것을 강조한다. 때로는 처음 쓸 때와 생각이 바뀌어 다른 이야기를 새로 쓰기도 한다. 나는 내 인생의 작가다. 어느 순간 길을 잃고 흘러가는 대로 써내려 간다면 빛도 못본 채 스스로 묻어버릴지 모른다. 내가 생각하는 가치, 나는 어떤 사람인지, 가지고 있는 것이 무엇인지, 나는 어떤 삶을 살고 싶은지, 내면과 만나는 시간을 가지자. 가치 있는 것에 시간을 쓰는 심플하고 빛나는 삶을 만들자. 그 과정이 심플하지 않더라도 즐겁게 찾아가는 시간이 될 것이다.

요즘 나는 "그림책을 만들고 싶다"고 자꾸 말하고 다닌다. 또, "라이프 크리에이터"라고 말하고 다닌다. 바닥 깊숙이 있던 나의 긍정의 씨앗이 이제야 뚫고 나와 싹트기 시작했다.

▶ 6살 해아가 그려준 엄마의 모습

유해주

(라마)

면세점 취업계의 개척자이자 '면세점취업의 모든 것'이라는 온라인 카페 운영자. 사랑스런 네 살 아들 엄마.

10여 년의 직장생활을 하며 오랜 방황 끝에 꿈을 찾고 달리려는 찰나, 육아와 건강문제로 잠시 쉬어가고 있다. 육아에 매진하는 시간이 길어지자 세상에 선뜻 나오기가 두려워졌다. 무기력해지기 시작했을 때, 1년 살기에 나왔다. 모임 2기는 이미 진행 중이었다. 긴장되는 마음으로 첫 모임에 참석했다.

모임장소인 강남까지 가려면 새벽 6시에 일어나 준비해야 하는데 그렇게 설레일 수가 없다. 모임을 하고 나면 열정주사를 맞은 듯 또 한 달을 열심히 즐겁게 살아갈 힘이 생겼다.

늘 밝은 미소와 긍정의 에너지를 뿜어내며 엄마로서 뿐만 아니라 여성으로서도 멋진 삶을 계획하고 있다. 1년 살기의 힘을 알아버렸으니, 언제까지나 나의 1년 살기는 이어질 것이다.

엄마는 슈퍼우먼을 꿈꿨다

* * *

유해주 (라마)

* * *

아이를 키우는 것은 정말 숭고한 일이다. 엄마만이 느낄 수 있고 가질 수 있는 기쁨이 있다. 하지만 어느 순간 난 아이를 잘 키우는 것, 아이를 성공적으로 키우는 것이 목표가 된 것 같았다. 어느 엄마나 자식을 위하는 마음은 마찬가지겠지만 나에게 친구들은 학교 다닐 때 성질은 어디 간 거냐며 너 같은 엄마도 드물다고 인내하는 엄마라는 타이틀을 주었다. 유모차를 거부하는 아이를 디스크가 터지기 전 32개월까지 안고 다녔다. 먼 거리라도 아이에게 좋은 영향을 줄 것 같은 전시회나 박물관은 버스 지하철을 이용해서 다녔다. 육아서와 다큐도 셀 수 없을 만큼 보았다. 텔레비전이나 휴대폰은 거의 허용하지 않고 책을 읽어주고 엄마표로 유명한 SNS를 섭렵하여 미술놀이를 준비하고 놀아줬다. 아이를 키우는 일도 참 열심히 했다.

워킹맘과 전업맘은 서로가 서로를 부러워한다는데 나는 그 사이 어딘가 즈음 있는 것 같았다. 문득 사회적인 성공이나 성취 없이 좋은 엄마로만 살아도 좋겠다고 생각했다. 지금 당장 일을 하고 싶다가도 아이와 있어줘야 할 것 같기도 했다.

처음에는 아이를 맡길 곳이 마땅치 않았기 때문에 내 사업을 키워보고 싶은 마음을 한구석에 꾹꾹 누르고만 있었다. 마음만은 일도 열정적으로 하고 아이도 잘 건사하는 멋진 워킹맘이고 싶었다. 하지만 육아에 매진하는 시간이 길어지자 아이가 어린이집에 입소한 이후에도 선뜻 세상으로 나가지 못했다. 가끔씩 특강을 진행하고 외부강의를 하는 정도의 일을 했다. 사업을 확장할 수 있는 기회가 오기도 했지만 아이가 조금만 더 크면 시작하자고 미뤘다.

사실 두려움이 커졌던 것 같다. 출산 후 예전 같지 않은 기억력으로 깜빡깜빡 하는 일이 늘었다. 말을 할 때 단어가 생각나지 않아 버벅대기도 했다. 아이 낳고 바보 된 것 같다고 친구들과 서로 웃고 떠들었지만 한편으론 쓸쓸했다. 그런데 일을 시작한다고 해서 과연 잘 해낼 수 있을까? 괜히 일한다고 나가서 일도 아이도 제대로 건사하지 못해서 후회하면 어떻게 하지? 라는 마음에 고민하는 시간이 길어졌다. 아무리 좋게 생각하려고 해도 긍정적으로 전환되지 않았다.

무기력해지기 시작했다. 하늘을 보면 눈물이 났다. 거울을 보면 초라하고 푸석푸석한 아줌마가 보일 뿐이었다. 나도 빛날 때가 있었던가. 내 인생은 이대로 아무런 흔적도 남기지 못하고 끝날 것만 같았다. 심지어 아이는 내가 없어도 잘 자랄 것이고, 난 이 세상에서 없어져도 될 쓸모 없는 사람이라는 생각까지 들었다. 그래도 엄마니까 힘을 내기로 했다. 이대로 포기하고 주저앉아 있을 수만은 없었다. 그때 생각 난 사람이 퀸스드림 님이었다.

"언니, 저 좀 만나 주실래요?"

퀸스드림 님과는 블로그 인연으로 오프라인에서 몇 차례 만나며 항상 서로에게 도움이 되는 사람이 되자고 했었다. 잠실역 근처의 어느 카페에서 그녀를 만났다. 오랜만에 만난 그녀는 한결 여유로워 보였다. 외모는 변함없었지만 왠지 당당하고 자신감이 더해진 모습이었다. 서로의 근황을 물으며 나는 고백했다. 사실 퀸스 님이 강의를 하시더라는 소식을 들었지만 나의 초라함만 더 실감하게 될까 봐 차마 퀸스 님의 블로그를 방문하지도 그 소식에 축하 메시지도 보낼 용기가 없었다고….
퀸스드림 님은 조용히 내 말을 듣다가 1년 살기 모임을 소개하며 한번 참여해보는 것이 어떻겠냐고 했다. 이미 1기는 성공적으로 졸업을 했고 2기가 진행 중인데, 다양한 분야의 분들이 모여 서로에게 긍정의 기운을 나누고 있다며 나에게 도움이 될 거라고 했다.

*

마음의 키가 작은 아이

*

어떤 상황에서도 어려움을 극복하고 성공을 이루는 사람들이 있다. 남들이 늦었다고 하는 나이, 부족한 중국어 실력 등 좋은 스펙이 아님에도 완벽한 자소서 작성과 면접준비로 당당하게 합격을 이루어낸 나의 수강생, 퇴직 후 도전이 망설여질 수 있는 나이에도 새로운 인생을 위해 비전을 세우고 사업을 구상해서 1년 만에 국비사업을 성공적으로 진행하고 있는 F사 대표님, 그리고 1년 살기의 리더인 퀸스드림 님도 누군가에게는 극복하기 힘든 기간인 경력 단절의 시기를 경력 전환의 시기라 명명하고는 책을 쓰고 1년 살기 모임을 잘 이끌어가고 있다.

모두 내가 직접 본 성공을 이루어낸 사람들이다. 그들과 대화를 하면서 가장 많이 들을 수 있는 말은 "할 수 있어요"이다. 해낼 수 있다는 자신감, 그것은 바로 주변의 평가나 상황과는 상관없이 나는 괜찮은 사람이라고 믿는 자존감에서 나오는 것이 아닐까. 그렇다, 나는 자존감이 낮은 아이였다.

어느 부모님이나 자식이 잘되기를 바라는 마음은 같다. 나의 부모님도 예외는 아니어서 나는 많은 사교육을 받고 자랐다. 장녀이기 때문에 기대도 많이 받았고 때때로 좋은 결과로 부모님을 만족시켜드릴 때도 있었지만 항상 평가의 순간에 지나치게 긴장하고 부담을 느꼈다.

초등학교 1학년 어느 날, 다른 아이들은 모두 집으로 돌아간 텅 빈 교실에서 나는 받아쓰기 노트에 빨간 색연필로 쓰여진 80점이라는 점수를 뚫어지게 보고 있었다. 아버지의 분노에 찬 목소리가 들리는 듯했고 상당히 두려움에 떨었다. 담임 선생님이 왜 집에 가지 않느냐고 물으시기에 집에 가면 점수 때문에 혼날 거라고 했다. 선생님은 집으로 전화를 걸어 엄마께 혼내지 마시라 하셨고 나를 안심시킨 후 귀가하도록 하셨다. 나는 취학 전부터 상당한 학업스트레스에 시달렸던 기억으로 가득하다. 아버지는 밥을 먹다가 갑자기 시계를 읽어보라고 하셨고 1분이라도 틀리면 불호령이 떨어졌다. 시험결과가 좋으면 세상을 다 얻은 듯 행복했지만 그렇지 않으면 나에게는 집이 세상에서 가장 두려운 장소가 되었다.

중학생일 때 집 앞 육교를 친구와 걷는데 친구가 말했다. "넌 자기비하가 심한 것 같아." 그때는 자존감이라는 단어조차 몰랐을 때라 그저 내가 너무 겸손한가 보다 정도로 받아들였다. 자존감이라는 것이 나의 삶 전반에 걸쳐 어떤 영향을 미칠 것인지는 상상하지도 못한 채 말이다.

고등학교 진학을 위한 경쟁이 치열한 비평준화 지역에서 학교를 다니던 나는 목표로 하는 고등학교에 떨어지면 세상이 무너질 것만 같았다. 속앓이를 하던 중 일반고등학교 시험 보다 먼저 입학시험이 이루어지는 외고에 지원을 하고 합격했다. 조금 더 안전하고 쉬운 선택을 한 것이다. 일반고등학교에 지원하는 시기가 왔다. 나는 원래 목표로 했던 학교의 지원경쟁률을 보고 펑펑 울고 말았다. 그 해에 상위 3개의 학교 지원율이 모두 미달이었던 것이다. 졸업식때 담임 선생님은 말씀하셨다. "용의 꼬리보다 뱀의 머리가 나을지 몰라…."

선생님 말씀처럼 나는 진학한 학교에서 과1등을 거의 놓치지 않았다. 장학금도 받았다. 부모님은 나를 자랑스러워하셨다. 하지만 나는 뒤늦은 사춘기를 맞이했다. 독서실에서 멍하니 있거나 잠을 잤고 수업시간에도 졸거나 딴생각을 하는 시간이 늘어났다. 성적은 점점 하락하기 시작했다. 그 무렵부터 부모님은 사이가 좋지 않았고, 두 분은 나의 입시에 신경을 쓸 마음의 여유가 없었다. 일본대학교로 진학을 하고 싶었지만 형편이 어려워 포기할 수밖에 없었다.

그해 수능시험을 망치고 담임 선생님의 만류에도 전문대학에 진학했다. 그리고 학교를 졸업하기 전 일본어가 가능한 덕분에 면세점에 쉽게 취업했지만 사회생활은 녹록치 않았다. 성실하고 열심히 하는 아이, 딱 거기까지였다. 그 이상의 눈치나 센스가 없었다. 어느 직장이나 마찬가지겠지만 면세점이라는 곳은 직원의 절대다수가 여자이기 때문에 존재하는 특성이 있는데 나는 현명하게 대처하지 못했다. 당연한 결과로 정직원 전환심사에서 탈락한 그때 즈음 부모님께서 이혼을 하셨다.

아직 대학생인 동생과 이제 막 고등학교에 입학한 막내동생, 남겨진 빚, 엄마의 수입만으로는 당연히 생활이 어려웠다. 월급 80만원의 반 이상을 저금했다. 그리고 만기가 되면 1원 단위까지 모두 엄마께 드렸다. 중간에 동생의 학비가 없어서 적금을 깨야 했을 때도 있었다. 적금을 해약하면 은행에서 통장 뒤 마그네틱 부분을 뗀다. 마그네틱이 떼어진 통장을 보면서 멍하니 앉아 있는데 엄마가 미안하다고 하셨다. 갑자기 시야가 뿌얘지며 눈물이 흘렀다.

연봉이 비교적 높은 곳으로 이직을 했지만 사정은 별반 나아지지 않았다. 한창 예쁘게 꾸미고 싶은 나이인 20대의 나는 돈을 벌면서도 만 원짜리 옷도 들었다 놨다 하다가 사지 못할 때가 많았다. 아직 대학생이던 친구들이 나를 불러내 "넌 돈도 벌면서 왜 돈을 쓰지 않고 모임에도 나오지 않느냐" 며 따지기도 했다. 그때 처음으로 집안사정에 대해 얘기했던 것 같다. 친구들은 몰랐다며 미안하다고 했지만 마음에 상처는 남았다. 게다가 오랜 시간 만났던 사람으로부터 다른 사람이 생겼다며 결별통

보를 받았다.

파도에 맞서며 잘 버티고 있다고 생각했었는데 결국 무너졌다. 그동안 열심히 살고 있다고 생각했던 내 자신이 갑자기 초라하게 느껴졌다.

*

진짜 내 꿈은 무엇일까?

*

직장에서 인정받기 위해 많은 노력을 했다. 실수하지 않도록 출근 전 머릿속으로 업무일정을 정리했다. 손님이 없을 때에도 잠시도 가만히 있지 않고 움직였다. 매일 재고조사를 하고 영업 중엔 매출을 올리기 위해 판매에 열중하고 영업종료 후에는 남아서 서류작업을 하고 알아서 점장님과 선배들의 업무도 도와드렸다. 서서히 인정받는 직원이 되었고 예쁨도 많이 받았다. 하지만 큰 파도를 맞는 순간 휘청거리며 떠밀려가듯 한순간에 모든 것이 달라졌다.

내 가치를 확인받고 싶었던 마음은 엉뚱하게도 내 직업에 대한 인식의 변화로 이어졌다. 갑자기 자부심이 사라진 것이다. 불만은 점점 쌓여갔고 친절하게 손님을 대하기가 어려워졌다. 손님의 말에 예민하게 반응하며 나를 무시한다고 느끼면 표정관리가 되지 않았다. 조그마한 일에도 쉽게 흥분했고 제품에 대한 불만도 나를 비난하는 것처럼 들렸다. 내가 있을 곳은 여기가 아니라고 생각했다.

우선 미련이 남았던 학업을 이어 나가기로 했다. 내게 맞는 유리한 대입전형을 알아보고 회사에서 틈이 날 때마다 공부했다. 그리고 4년제 대학교에 입학했다. 낮에는 일하고 밤에는 학교를 다녔다. 몇 개월 후에는 스케줄 근무 특성상 병행이 어려워서 퇴사하고 사무직 아르바이트와 학업을 병행하며 과 수석으로 2학년까지 전액장학금을 받았다. 새로운 꿈도 꿨다. 브랜드 본사에 입사하고 싶었다. 이렇게 열심히 사는 내가 자랑스럽기까지 했다. 이대로 졸업만 무사히 하면 새로운 길이 열릴 거라는 기대도 가졌다.

취업을 하려면 영어를 잘해야 한다는 생각에 단기연수를 다녀왔다. 그리고 복학을 했지만 전액장학금에 대한 부담감이 커졌다. 결국 다시 휴학을 하고 무얼 할까 고민을 했다. 대학친구는 항공사 지상직을 준비해보면 어떻겠냐고 했다. 그래 이거다!
공항에서 일한다는 것, 항공사 유니폼은 얼마나 폼 나고 멋져
보이는가! 나는 당장 국비지원이 되는 항공사학원에 등록을 했
다. 당시 나는 순진하게도 항공사학원 수료만 하면 바로 항공
사에 취업이 되는 줄 알았다.

현실은 학원 수료의 의미는 없었다. 항공사에서 지상직은 아웃
소싱을 통한 채용을 주로 한다는 사실도 뒤늦게 알았다. 신입
으로 지원하기엔 나이가 많았다. 외국어가 뛰어나지도 않았고
학교졸업도 못한 상태였다. 핸디캡을 안고 있으면 더욱 열심히
노력해야 하는데 언제나처럼 그 장벽을 넘는 것 보다는 포기하
는 쪽을 선택했다. 결국 돌아가지 않을 거라고 다짐했던 면세
점에 다시 취업했다.

난 왜 항상 이 모양일까? 학교는 졸업도 못하고 지상직도 포기
하고 추천 채용으로 브랜드 본사에 이력서를 내볼 기회가 왔는
데도 불구하고 자신이 없다는 이유로 지원조차 하지 않았다.
게다가 입사동기들은 팀장, 점장이 되어 있기도 했는데 난 잦
은 이직으로 인해 계속 사원이었다. 마음이 급해졌다. 항공사
학원을 다시 등록했다. 학원비용이 150만 원정도로 비쌌다. 하

지만 수강료가 중요한 게 아니었다. 학원을 다니다 보면 언젠 가 내가 항공사에 취업할 수 있을 것 같았다. 그러다가 승무원 에까지 도전하게 되었다. 많은 나이 작은 키 어느 것 하나 적합 한 조건이 없었는데도 나는 그저 면세점만 아니면 된다는 식으 로 무작정 뛰어들었다. 어리고 예쁘고 키 크고 게다가 영어도 잘하는 세상에 잘난 여자들을 모두 모아 놓은 것 같은 준비생 들 사이에서 나는 그야말로 미운 오리였다.

가뜩이나 주눅이 든 상태인데 대놓고 "작은 키는 항공사에서 는 죄악" 이라고 하는 강사도 있었고 내 나이를 묻고는 "나 같 으면 시집가서 그냥 살겠다" 고, "요즘 애들 이해하기 어렵다" 며 상처주는 이도 있었다. 그렇지 않아도 낮은 자존감은 지하 로 곤두박질쳤다. 나름대로는 일을 하면서도 학원을 다니고 영 어공부를 하고 스터디도 나가보고 했지만 무모한 도전에 가까 웠다. 운이 좋게 1차 합격한 회사가 있었다. 2차에 가보니 다들 영어실력이 네이티브였고 당연한 결과로 탈락했다. 난 또 포기 하는 쪽을 선택했다.

다시 꿈쇼핑에 나섰다. 멋지게 성공한 여성들이 등장하는 책을 보며 이것을 해볼까? 저것을 해볼까? 그럴싸해 보이는 직업들의 리스트를 만들어서 하나씩 고민해봤다. 슈가크래프트, 플로리스트, 아니다. 난 손재주가 없다. 파티플래너? 난 예술적 감각이 제로다. 강사? 그것도 너무 어려울 것 같다. 아주 뛰어난 미모의 소유자도 아니고 학벌이 좋은 것도 아닌 지극히 평범한 내가 할 수 있는 건 없다는 생각만 가득했다. 그즈음 울고 우울해하는 날들이 많아졌다. 나는 열심히 산 것 같은데 세상은 나에게 아무런 보상도 주지 않는다고 원망했다.

무엇 하나 결정하지 못한 채 시간을 보내다가 변화의 결정적인 계기가 생겼다. 공항에서 근무를 할 때 휴식시간이 되면 종종 공항내 서점에서 시간을 보내곤 했다. 어느 날 책을 보는데 한 구절이 와닿았다. 자존감도 대물림되고 엄마가 우울하면 아이도 우울증에 걸릴 확률이 높다는 것이었다. 머리를 한 대 맞은 듯 충격을 받았다. 이대로 나의 삶을 내버려둘 수는 없었다. 혼자서만 고민하지 않았다. 항상 만나던 사람들이 아닌 다양한 사람들을 만나 이야기도 나누고 상담도 받았다. 그리고 드디어 만났다. 내가 평생에 걸쳐 가꾸어 나가야 할 꿈을 말이다.

조금 늦어도 천천히 가도 괜찮아

＊

나는 결혼 후 안정되어 보인다는 말을 자주 들었다. 감정의 기복이 있는 편인 나에 비해 남편은 큰일에도 침착한 편이라 내가 일희일비할 때마다 중심을 잡아준다. 그리고 내 꿈을 지지해주고 응원해준다. 요즘엔 맞벌이를 결혼조건으로 내세우는 남자들도 많다는데 퇴사하고 새로운 일을 준비해보려는 나를 이해해주고 지원해줬다. 안정감은 성급하게 결정하고 결과를 내려고 했던 나를 변화시켰다.

남편의 지지에 힘입어 강사가 되기로 결심했다. 나는 먼저 스피치 관련 책을 주문하고 공부했다. 그리고 스피치학원에 등록했다. 등록만 한다고 해서 내가 강사가 될 수 있는 것은 아니라는 걸 알고 있었다. 그래서 이번에는 스피치학원 등록에만 그치지 않고 블로그를 개설하여 내가 배우고 있는 내용들을 포스팅하고 기존에 활동하고 있는 스피치 강사들의 블로그를 방문해서 배워야 하는 내용들을 메모하고 공부했다. 인사말을 남기고 새 글 알림이 뜨면 가장 먼저 방문해 '좋아요'도 남겼다.

그러던 와중에 내게 꿈이 무엇인지 목표가 무엇인지 물어온 분이 계셨다. 그 분은 성우 출신 스피치강사로 본인이 운영하는 프로그램을 이수하면 학원을 개원하실 때 기회를 주겠다고 했다. 너무 기뻤다. 당장 대표님이 운영하시는 스피치 프로그램에 등록하고 누구보다 열심히 배웠다. 대표님도 열과 성을 다해 알려주고 강사로서 첫 발을 뗄 수 있게 기회를 주셨다.

초보강사로 조금씩 강의하면서 블로그에 글을 지속적으로 올렸다. 특히 그동안 내가 면세점에 근무하며 채용정보들이 내부에서만 돌고 외부로 전혀 알려지지 않았던 것이 생각났다. 당시 면세점에 취업하고 싶은 취준생들에게 어떻게 무엇을 준비를 해야 하고 어디서 지원을 해야 하는지 알려진 것이 거의 전무했다.

그래서인지 블로그에 하나씩 포스팅했던 내용들이 점점 호응을 얻어 카페를 개설하게 되었고 면세점 취업을 위한 특강을 진행하게 되었다. 스피치학원 대표님의 가르침에 감사히 여기고 열심히 했지만 내가 더 잘할 수 있고 어울리는 것은 면세점을 비롯하여 명품 브랜드에 취업을 원하는 지원자들을 위한 일들이라고 생각했다.

나의 경험에 비추어 지원자들이 궁금해할 만한 사항들만 추리고 꼭 필요한 정보만 알려주는 특강은 점점 규모가 커졌고 합격자도 많이 배출했다. 항공사 지상직 출신의 강사님도 섭외해 지상직 특강도 개설했다. 한창 재미있게 일을 만들어 나가는 와중에 임신을 했고 15주때 하혈을 했다. 병원으로 달려가 보니 양수가 새고 있었고 바로 입원을 했다. 2주간의 입원생활 후 퇴원을 했지만 한 주 한 주 주수를 채우기 위한 사투가 시작되었을 뿐이었다. 너무 일찍 아이가 나오면 생존확률이 떨어지기 때문에 시간이 가기만을 바라고 있었다. 밥을 먹고 화장실 갈 때를 제외하고는 누워서 버텼다. 시험관으로 어렵게 가진 아이를 잃을 수는 없었다. 화장실에서도 항상 피가 나는지 확인했다. 흐르는 느낌만 나도 가슴이 철렁 내려앉았고 약간의 출혈만 있어도 한 시간 거리의 병원을 수시로 다녔다.

누워 있는 동안에도 강의제안 입사제안 그리고 협업 등 여러 차례 기회가 왔지만 모두 거절할 수밖에 없었다. 움직일 수가 없으니 도리가 없었다. 혼자 있는 때는 울기도 많이 했다. 하지만 "고난도 인생의 한 부분" 이라는 말처럼 어쩔 수 없다면 상황을 받아들이고 누워서라도 할 수 있는 일을 찾아 했다. 책을 읽고 현직들과 연락하며 새로운 정보는 카페에 올리고 기존 수강생들의 상담도 지속했다. 그러자 도와주겠다는 사람들이 생겼고 특강은 지속할 수 있었다.

정말 감사하게도 아이는 무사히 태어났다. 조금 있으면 본격적으로 일을 할 수 있겠다고 생각했는데 아이가 태어난 지 2주 만에 고열로 인큐베이터에 입원을 하거나 경련으로 응급실에 가는 일까지 생기자 계속 육아에 전념하게 되었다. 기질이 예민한 아이였고 양가에 도움을 받기 어려운 상황이라 1년이면 다시 일할 수 있을 거야, 2년이면 3년이면… 가졌던 희망이 무색하게 시간은 그저 흘러갔다. 남편은 육아에 적극적으로 참여해주었지만 그래도 엄마라는 자리는 대신해줄 수 없는 한계가 있었다.

중간중간 의욕적으로 다시 성공학 강의를 듣고 모임도 나가봤지만 일회성일 뿐이었다. 오히려 앞서 나가는 사람들을 보며 비교하게 되었고 따라가지 못하는 나를 자책하고 부러움을 넘어서 질투가 났다. 하지만 내 시간을 그들을 부러워하는 데만 쓰는 것은 낭비라는 생각이 들었다. 각자의 속도가 있는 것이

고 나는 아직 제대로 달려보지 않은 것일 뿐 언젠가 내 차례도
돌아올 거라고 생각하기로 했다.

공항철도를 타고 서울역에서 내려 환승을 위해 이동해본 적이
있는가? 지하7층에서 지상으로 올라가기 위해 상당히 긴 길이
의 에스컬레이터나 계단으로 이동을 해야 한다. 아래에서 위를
올려다보면 그 높이에 위압감이 느껴진다. 중간 중간 꼭대기를
보면서 언제 다 올라갈지 한숨이 나오기도 한다. 그러던 어느
날 무심코 위를 보지 않고 눈앞의 계단을 하나하나 올라갔다.
그러자 힘들다, 라는 생각을 할 새도 없이 어느새 맨 위에 도착
해 있었다. 아! 이거구나! 나는 그동안 너무 높은 곳만 쳐다보
고 빨리 가고 싶은 마음에 힘들어했다는 것을 깨달았다.

많은 성공학 강의나 책에서 꿈은 크게 가질수록 좋다고 했다.
물론 이상을 높게 잡아 꿈과 목표를 세우는 게 나쁜 건 아니지
만 때로는 그 이상과 현실의 차이가 너무 크면 이상의 무게에
짓눌려 현재의 작은 행복에 대한 감사함을 잊을 수 있다. 그래,
한 계단 한 계단씩 힘들면 쉬고 옆도 둘러보며 올라가다 보면
어느새 이룰 수 있을 것이다. 나답게 천천히 가보자.

1년 살기가 내게 준 변화

1년 살기 모임 2기는 이미 진행 중이었다. 긴장되는 마음으로 첫 모임에 참석했다. 모두 열정과 긍정의 에너지가 가득한 사람들이라는 것을 단번에 느낄 수 있었다. 1년 살기를 시작하면서 나는 잠시 잊고 있었던 내 안의 열정을 불러일으킬 수 있었다. 1년 살기 모임에 참석하면 매달 1권의 책을 선물 받는다. 또한 멤버들끼리 읽었던 책 중에서 인상 깊었던 책들을 선정해 책 나눔도 진행한다. 덕분에 출산 후 육아서만 읽던 것에서 벗어나 오랜만에 나를 위한 자기계발서와 소설 등도 읽기 시작했다. 모임장소인 강남까지 가려면 새벽 6시에 일어나 준비해야 하는데 그렇게 설레일 수가 없었다. 샤워를 하면서 콧노래도 부르고 광역버스 안에서 보는 풍경도 모두 아름다웠다.

1년 살기를 통해서 다른 사람들의 인생 이야기를 들으며 울고 웃었다. 세상에는 다양한 삶이 있다. 나와는 다른 나이 직업 환경을 가진 이들의 삶을 간접경험하는 일은 많은 것을 느끼게 해준다. 완벽해 보이는 사람도 인생의 고민과 어려움이 있다는 것을 알게 되었고 인간적으로 느껴졌다. 나의 인생도 돌아보게 되었다. 방황만 많이 했지 무엇 하나 제대로 이룬 것은 아직 없다고 생각했었는데 없던 분야를 새롭게 만들어낸 것 자체로 대단한 거라고 말해주는 멤버들에게 정말 감사함을 느꼈다. 부모님을 생각하며 눈물을 보이는 분들을 보면서 여자 혼자의 몸으로 딸 셋을 데리고 꿋꿋하게 살아낸 엄마가 생각나서 함께 울기도 했다. 모임을 하고 나면 열정주사를 맞은 듯 또 한 달을 열심히 즐겁게 살아갈 힘이 생겼다.

1년 살기에 나가면서 의욕이 넘쳐 봄이 되면 국가에서 진행하는 여성창업가를 위한 지원사업에도 지원하려고 준비했다. 그러다가 뜻하지 않게 또 다시 걸림돌이 생겼다. 7년 전 얻은 허리디스크라는 질환이 다시 찾아온 것이다. 잠시도 서 있기 힘들었다. 누워 있어도 다리가 타들어가는 고통, 망치로 내려치는 고통이 느껴졌다. 아직 어린아이가 있어 재활이 중요한 수술도 할 수가 없었다. 마약성 진통제를 먹으며 온몸으로 통증을 참아내는 수밖에 없었다. 이 글을 쓰는 지금도 잠시 서서 쓰다가 누워서 통증을 다스리다를 반복하고 있다.

1년 살기 멤버들이 모여 있는 단톡방에서는 서로에게 좋은 자극이 되기 위해 성과들을 공유한다. 침대에 누워서 안정을 취하면서 멤버들의 기쁜 소식들을 들으면 축하하는 마음과 동시에 나도 모르게 아무것도 하지 못하게 된 내가 처량하게 느껴졌다. 모임에도 못 나가게 되었는데 내가 계속 함께하는 것이 맞는 건가 고민도 했다. 게다가 5월부터는 강의가 예정되어 있었다. 통증이 올라올 때마다 모든 것을 포기할까 하루에도 몇

▲ 남편이 그려준 아내의 모습

번씩 고민했다. 아마 예전의 나였다면 벌써 못한다고 어쩔 수 없다고 포기했을 것이다. 약해진 나에게 1년 살기 멤버들은 할 수 있다고 응원해주었다.

1년 살기의 부끄럽지 않은 일원이 되고 싶었다. 건강회복을 최우선으로 하고 하루에 30~40분씩 걷기, 책읽기 등 사소하지만 내가 무언가 하고 있다는 것을 느낄 수 있도록 작성하고 실천했다. 강의를 할 수 있도록 최대한 바른 자세로 생활하고 조심했다. 그리고… 드디어 내 몸이 얼마나 견뎌줄 수 있을지 모를 불안감을 가지고 강의를 하게 되었다.

첫날, 약을 먹고 괜찮은 듯했던 허리 통증은 점점 심해졌다. 강의 중에는 티를 내지 않으려고 웃었지만 집으로 돌아갈 때는 눈물이 날 정도였다. 하지만 버텼다. 이후 통증의 굴곡은 있었지만 점점 괜찮아지는 날이 많아졌다. 아직 그렇게 아픈데 할 수 있겠는지, 그만두어야 하는 것 아니냐는 우려가 있었지만 이번에는 해냈다. 마지막 강의까지 마무리할 수 있어 행복했고 포기하지 않은 내가 자랑스러웠다. 비록 내년을 기약하게 된 목표도 있지만 포기하지 않고 하나씩 해 나가는 모습조차 나에게는 큰 변화다.

나는 그동안 내 능력의 한계를 설정하고 그 이상의 도전이 필요한 어려움이 생기면 회피하듯 도망치고 쉬운 선택을 했었다. 책이나 강의 혹은 만남을 통해서 열정을 갖고 움직이기도 하지만 혼자서 지속하는 데는 어려움이 있었다. 하지만 1년 살기를 통해서 멤버들과 함께 여러 프로젝트들을 진행하며 때로는 이끌려가기도 이끌어가기도 하면서 레이스를 완주를 하는 경험은 앞으로 개인적인 일을 완성해 나가는데도 분명히 큰 자양분이 되어줄 것임을 확신한다. 평범한 아줌마들이 모여 하나씩 일을 벌이고 완성해 나가는 과정은 짜릿한 성취감을 준다. 말하는 대로 이루어지는 지금, 이젠 무섭기까지 하다. 과연 우리는 어디까지 나아갈 수 있을까?

1년 살기의 힘은 그런 것이 아닐까.

당신은 이대로도 괜찮은 사람이라고 인정해주는 사람들과 좋은 에너지를 주고받으며 나를 바로 세우고 앞으로 나아갈 수 있는 힘을 가질 수 있게 하는 그런 것 말이다. 언제까지나 나의 1년 살기는 이어질 것이다.

PART 4

즐거움이
내 인생의
뿌리가 되도록

양혜영

(하이영)

아이는 세 살까지 엄마가 키워야 한다는 정설(?)을 너무 믿은 나머지 승진을 코앞에 두고 10년 다닌 회사를 나와버린 자발적 경단녀. 스스로 선택해 전업주부가 되었지만, 생각만큼 쉬운 일이 아니었다. 1년 살기를 시작했고, 사람들 사이에서 힘을 얻었다. 시간이 지나 처음 세웠던 1년 목표를 다시 꺼내보았다. 이룬 것도 있고, 이루지 못한 것도 있다. 하지만 1년 살기를 하며 목표 달성 자체보다 더 많은 것을 배우게 됐다. 꾸준함의 힘을 믿게 되었고, 유연해졌고, 현재의 내 모습에 더 당당해졌다.
지금은 주부라는 커리어에 만족하며 새로운 목표에 도전하고 있다. 숨은 돈 찾기로 남편과 여행을 즐기며, 뱃속의 아이로 다이어트는 포기하는 대신, 멋진 두 아이의 엄마로서 거듭나고 있다.

인생의 즐거움을 찾는 여정

***

양혜영 (하이영)

***

신혼생활 3개월 만에 아기가 생겼다. 기뻤지만 어리둥절한 느낌이 더 컸다. 내가 엄마가 된다니, 나 아직 신혼인데?! 몇 달 전까지 "신부님~" 소리 들어가며 팔자에 없는 공주 대접 받은 게 엊그제 같은데, 벌써 엄마라는 미지의 세계에 발을 디뎌버리다니! 그런데 가족들의 축하를 받으며 묘한 설렘을 즐기던 것도 잠시였다. 출산 예정일을 검색해보니 10월이었다. "아, 이런…" 나는 이미 한 번 진급에 누락된 승진 대상자였고, 연말 진급 심사를 누구보다 기다리고 있던 터였다.

그런데 승진 시점과 출산휴가기간이 아슬아슬하게 겹쳐버린 것이다. 아이 때문에 내 커리어가 날아가버리는 것일까? 가슴

한편이 아려왔다. 친정엄마도 일을 하시고, 시댁은 두 시간 거리의 시골이라 아기를 맡길 곳이 없었다. 3개월 된 핏덩이를 어린이집에 맡기거나 베이비시터 이모님의 손을 빌려 키우지 않으면 방법이 없었다. 회사의 많은 선배맘들은 조부모, 어린이집, 베이비시터 이 세 가지 옵션 중 하나를 선택해 워킹맘의 길을 부단히 가고 있었던 것이다. 막상 내 상황으로 닥쳐서야 이 선택이 얼마나 어려운 결정인지를 실감하게 됐다.

불현듯 몇 달 전 회사 휴게실에서 마주친 선배가 떠올랐다. 소파에 앉아 얇은 담요로 가슴을 가리고 유축을 하고 있었다. 이렇게라도 먹여야 마음이 편하다며 멋쩍은 웃음을 짓던 선배. 그때는 몰랐다. 어린 아기를 직접 돌보지 못한다는 미안한 마음으로 한 방울, 젖을 먹으며 배부른 미소를 짓는 아기 얼굴을 생각하며 한 방울, 그렇게 모아 만든 모유가 얼마나 값진 엄마의 눈물이었는지를….

고민은 계속됐다. 반면 친한 회사동료들은 내 이야기를 듣더니 고민할 것도 없다고 했다. 어떻게든 출산휴가 3개월만 쓰고, 승진하고, 복직하면 된다고. 섣불리 승진 기회를 날리지 말라고 조언해줬다. 육아휴직을 쓰면 내가 가르쳤던 후배들이 나의 상사가 되는 굴욕의 세월을 최소한 1년을 견뎌야 또 승진 기회가 올 것임은 나도 알고 있었다.

친정엄마는 내가 초등학생 때부터 일을 시작해 지금껏 회사를 다니시는 워킹맘이다. 장녀인 나도 생활력이 강한 편이라 평생 일을 하며 살 거라 생각했다. 바쁘게 사는 커리어우먼은 항상 나의 롤모델이었고, 엄마의 전적을 따라 나도 워킹맘이 되는 것을 당연하게 생각하며 살아왔다.

그런데 막상 결정의 시기가 오니 당연했던 생각이 변하기 시작했다. 마음속에서 내 아이를 내가 직접 키우고 싶다는 소리가 점점 커져갔다. 회사를 그만두게 되면 경제적으로는 지금보다 넉넉하지 못할 것이 분명했다. 하지만 아기가 가장 엄마를 필요로 하는 때에 곁에 있어주고 싶었다. 돈이야 나중에 어떻게든 벌면 된다는 맹랑한 생각도 했다. 지난 10년간 직장인이라는 직업으로 살았으니 향후 몇 년간은 엄마라는 직업으로 살아봄직했다. 살림에 소질은 없지만, 가족이 나를 필요로 할 때 책임을 다하는 것도 가치 있는 일인 것 같았다. 다행히 남편은 내 생각을 적극적으로 지지해줬다. 남편은 당장 수입이 줄더라도 엄마가 아이를 키우길 바랐다. 어느 정도 아이들이 크고 나면 내가 하고 싶어 하던 공부도 다시 시작하고, 새로운 직업을 찾게끔 도와주겠다고 했다.

*

내 뜻대로 사는 즐거움

*

이렇게 나는 전업맘이 되었다. 우리 딸은 왜 하필 그 시점에 태어났을까? 나는 딸이 내 인생에 의미를 던져주려 찾아온 것이라 믿는다. 힘들어 하면서도 월급의 마력에서 빠져나오지 못해 꾸역꾸역 다니던 회사를 깔끔하게 그만둘 수 있었던 것도 아이 덕분이다. 만약 회사를 계속 다니고 승진을 했다면, 더 많아진 월급의 유혹을 쉽사리 뿌리치지 못했을 것이다. 지금은 '엄마' '전업주부'라는 새로운 커리어를 선물해준 딸이 고맙다. 나에 대해 깊이 생각할 수 있는 시간을 주고, 성장할 수 있는 기회를 열어준 건 모두 우리 딸이 그때 태어났기 때문이다. 이렇게 책을 쓰게 된 것도 승진 대신 딸을 얻은 덕분이다. 이토록 모든 일은 생각하기 나름이며 어디에서 의미를 찾느냐에 달려 있는 것 같다.

지금도 주변에서는 다시 일하고 싶은 생각이 없느냐, 집에만 있기 따분하지 않느냐, 외벌이 생활 힘들지 않느냐, 물어보는 분들이 많다. 물론 다시 일도 하고 싶고, 집에만 있으면 따분하고, 외벌이 수입으로 살림하는 것 역시 녹록지 않다. 하지만 다시 일하기 싫을 정도로 남편과 아이에게 집중할 수 있는 시간이 많아 감사하다. 휴가 때마다 해외여행을 갈 여유는 없지만, 매일 도서관에 가서 아이에게 책을 읽어주고, 공원에서 아이가 타고 싶은 만큼 그네를 밀어줄 수 있어 행복하다. 우리 사회에서 타인의 시선으로부터 자유롭기란 쉽지 않은 일이다. 하지만 누구도 내 인생을 대신 살아줄 수는 없다. 그러니 어떤 선택을 하든 그것이 내가 내린 결정이라면 밀어붙이는 것도 좋을 것 같다. 그 선택으로 인해 내가 조금 힘들어질지언정 결과에 책임을 질 용기만 있다면 내 맘대로 살아보는 배짱을 가져보는 것은 어떨까?

*

나를 알아가는 즐거움

*

낯간지러운 이야기지만 나는 남편을 참 잘 만났다.

"웬 남편 자랑? 이제 겨우 결혼 4년차잖아? 아직 덜 데여봤구 면~."

결혼 선배들이 핀잔 주는 소리가 들리는 것 같다. 신혼의 콩깍지가 덜 벗겨졌든 아니든 어쨌거나 나는 지금 남편이 참 좋다. 물론 연애할 때처럼 아직도 두근거리고 설렌다는 것은 아니다. 우리는 서로의 휴대폰에 애칭 대신 본명으로 연락처가 저장되어 있고, 생일이나 기념일도 잘 챙기지 않는다. 로맨틱 점수는 빵점이지만 우리 남편은 항상 내 말에 귀 기울여주고, 살림이나 육아에도 많은 도움을 주는 편이다.

나는 남편을 만난 것이 내 인생에서 제일 잘한 선택이라고 생각한다. 자식을 낳은 것이 아니고? (재수 없어 보이지만) 그렇다. 나는 자식보다 남편을 잘 만난 것이 더 잘한 일이라고 생각한다. 사실 자식은 내가 선택할 수 없다. 아이는 내가 키운 대로 자랄 확률이 높다. 하지만 배우자는 전적으로 나의 선택으로 결정된다. 내가 키운(?) 대로 절대 달라지지 않는다. 남편은 시부모님이 키운 대로 살아왔고, 살아갈 사람이다.

내가 항상 좋은 남자들만 만났던 것은 아니다. '똥차 가고 벤츠 온다'는 말처럼 항상 똥차들만 만났었다. 그러다 (내 눈에

만) 벤츠 같은 남편을 만날 수 있었던 것은 내가 어떤 사람인지 잘 알고 나서 남자 보는 눈이 달라졌기 때문이다. 마음이 힘겨웠던 시절, 심리 상담을 통해 조금씩 나를 알아가고, 내면의 상처를 치유하며 나는 세상을 달리 보게 되었다.

5년 전쯤, 회사 업무와 인간관계에 지쳐 자신감을 잃고 무기력한 삶을 살았다. 지친 마음을 달래보려 별 짓을 다 했다. '힐링'하겠다며 시간과 돈을 쏟아 부었지만 다시 회사 책상에 앉으면 무력한 나로 돌아왔다. 그러다 우연한 기회에 심리 상담을 받게 됐다. 비용이 많이 들었지만 그동안 쓸데없이 써댄 돈을 합쳐보니 상담 비용만큼 나왔다. 그래서 쇼핑과 여행을 줄이고 상담을 받기 시작했다.

상담을 하며 많은 것을 깨달았다. 그중 두 가지를 이야기해보려 한다. 첫 번째로 결혼 적령기였던 나에게 가장 중요한 과제는 원가족과 나를 분리하는 일이었다. 원가족은 나의 부모와 형제자매로 구성된 가족을 말한다. 내가 결혼하여 새로운 가족을 만들고자 한다면, 원가족과 정서적, 경제적으로 독립하는 과정이 꼭 필요했다.

장녀였던 나는 어릴 적부터 공부를 열심히 해서 우리 집을 일으켜 세워야 한다고 생각했다. 정작 부모님은 공부 좀 하라고 잔소리하거나 너희가 우릴 먹여 살려야 한다고 부담감을 주신 적이 없다. 하지만 경제적으로 넉넉한 형편이 아니라는 것을 어린 나도 잘 알고 있었다. 그래서 하루빨리 성공해 부모님께 집도 사드리고 호강을 시켜드리고 싶었다. 문제는 이것이 희망이 아니라 묵직한 책임감으로 내 어깨를 항상 짓누르고 있었다는 점이다.

부모님 집을 사드리려고 얼마나 돈을 모아야 하는지 계산하다 나는 평생 결혼을 못할 거라고 생각할 정도였다. (지금 생각해도 정말 웃음이 나온다. 부모님 집 사주려고 결혼을 안 한다니, 효녀인가 불효녀인가?!) 앞으로 십 년간 월급을 모아도 집 한 채 사는 것이 어려워 보였다. 시집가기 전에 부모님 집 살 돈을 모으려면 결혼도 하지 않고 계속 일을 해야 할 것만 같았다. 또, 가끔 부모님이 싸우시면 나는 어떻게든 집안 분위기를 바꿔보려고 애를 썼다. 그렇게 노력한다고 부모님 마음이 내 마음처럼 움직이는 것도 아니었다. 에너지를 쓸수록 보람이 없었다. 밑 빠진 독에 물 붓는 것처럼 힘이 고갈되고 채워지는 것은 없었다.

그러다 생각을 바꾸게 되었다. 부모님의 인생은 부모님이 사는 것이고, 내가 어찌할 수 없다는 것을 인정하기로 했다. 부모님 또한 내가 간섭하는 걸 원치 않으실 수도 있는데 나만 나서서 오버하고 있는 것일지도 몰랐다. 내가 당신들 집을 사주려 결혼을 안 하겠다고 하면 과연 부모님이 좋아하실까? 절대 그렇지 않을 것이다. 내가 화목한 가정을 꾸려 잘 살고 있는 모습을 볼 때 더 행복할 것이다.

나는 그렇게 조금씩 가족 부양에 대한 짐을 내려놓기 시작했다. 조금은 이기적으로 내 생각만 하기로 했다. 부모님 집을 사주려고 붓던 적금은 내 결혼자금으로 용도가 바뀌었다. 따뜻한 남편을 만나 알콩달콩 사는 미래를 상상하니 기분이 좋아졌다. 가족 생각을 안 하며 살았더니 오히려 가족관계가 좋아졌다. 내가 밝아지고 좀 더 긍정적으로 생각할 수 있게 되자 가족들과 하는 대화도 이전과 달라졌다. 정서적, 경제적으로 독립하면서 내 머릿속에 가득 찼던 수많은 의무감에서 해방될 수 있었다. 그리고 그 자리를 나의 꿈이나 미래에 대한 낙관적인 생각들로 채워갔다. 가족과 나를 분리한다는 게 자칫 냉정하게 들릴 수도 있지만, 부모를 등지고 안 보고 살라는 것이 아니다. 나처럼 인생의 중심을 내가 아닌 가족에게 기울인 채 살아가고 있었다면, 그 중심을 조금은 내 쪽으로 당겨오라는 것이다.

나부터 원가족에게서 자유로워야 배우자도 그런 사람을 만날 수 있다. 결혼 후에도 부모에게 매달려 사는 남편을 보며 행복할 여자는 없을 것이다. 상대방도 마찬가지일 것이다. 나부터 독립해야 그런 배우자를 알아보는 눈도 생기지 않을까?

나는 상담을 받으며 긍정적인 아버지 상(像)도 가지게 됐다. 부모 중 나와 성별이 반대인 부모에 대해 어떤 이미지를 가지고 있느냐가 배우자를 선택하는데 영향을 끼친다는 것을 알게 됐다. 사실 상담을 받기 전에는 아빠에 대해 깊게 생각해본 적이 별로 없었다. 어릴 적 엄마는 경제적으로 넉넉하지 못한 형편 때문에 아빠를 원망했다. 어린 나도 엄마의 시각으로 아빠를 보았을 것이다.

어느 날, 상담 선생님께서 내 어린 시절 이야기를 들으시더니, 아빠를 뵙진 못했지만 참 좋으신 분인 것 같다고 이야기해주셨다. 그 순간 나는 망치로 머리를 한 대 얻어맞은 것 같았다. 선생님 말씀이 맞았다. 아빠는 경제적으로는 성공하지 못했지만 다른 부분에서는 정말 좋은 사람이었다. 아빠는 항상 남을 배려하고 힘든 일이 있어도 희망을 갖는 낙천적인 분이셨다. 아빠는 학교에서 보내온 통지표에 항상 같은 말을 쓰셨다.

"성적 향상보다 인성 교육에 힘써 주십시오."

실제로 우리 자매에게 공부하라는 잔소리 대신 바른 사람이 되라고 가르치셨고, 내가 하고 싶은 일이 있으면 크게 반대하지 않고 알아서 잘 해보라며 지지해주셨다.

아빠를 다른 시각으로 보게 되자 그동안 아빠에게 느꼈던 원망이 사라지며 아빠를 미워했던 시간이 미안해졌다. 그 뒤로는 아빠와 대화하는 시간이 많아졌다. 아빠의 입장에서 이야기를 들어주고, 아빠를 힘들게 하는 사람이 있으면 같이 욕도 해주며 진정한 친구가 되려고 노력했다. 그러다 보니 점점 남자 보는 눈도 달라졌다. 인성 좋고, 예의 바르고, 낙천적인 사람에게 호감을 느꼈다. 요즘에는 결혼할 때도 취업할 때처럼 스펙을 따진다고 하지만, 나는 재력이나 직업보다도 계산적이지 않고 인성이 바른 사람을 더 좋아했다. 소개팅에 나가면 겉으로 보이는 모습보다 그 뒤에 숨겨진 그 사람의 장점이 무엇인지 찾아내려 했다.

그 무렵 남편을 만났다. 남편은 좋은 직장 다닌다고 허풍을 떨며 은근히 내가 가진 것이 무엇인지 캐내려는 다른 남자들과 달랐다. 그 당시 남편은 아주 작은 회사에서 일했지만 전혀 주눅 들지 않았다. 정말 좋아하는 일을 하다 실망하고 도로 사회로 나와 힘든 일을 겪으며 다시 성장하는 과정에 있었다. 사람을 편안하게 해주는 자상한 모습과 자신의 삶에 대한 단단한 자신감이 모두 보였다. 이런 사람이라면 비록 지금 작은 회사에 다니더라도 나중엔 더 잘될 수밖에 없을 거란 생각이 들었다. (다행히 내 예상대로 남편은 얼마 지나지 않아 외국계 기업으로 이직에 성공했다) 그렇게 우리는 서로에게 호감이 생겨 결혼까지 하게 됐다. 정말 신기하게도 지금의 남편과 친정 아빠는 닮은 부분이 많다. 아빠에 대한 좋은 이미지가 좋은 배우자를 찾게 해줄 것이라는 선생님의 말씀대로 된 것이다.

이렇게 나는 자신에 대해 깊은 질문을 던지며 나를 알아가는 과정을 경험했다. 가족에 대한 새로운 시각을 갖게 해주고, 나와 잘 맞는 배우자를 만나 행복한 가정을 꾸릴 수 있게 됐다. 나는 앞으로도 평생을 나를 알아가는 여정과 함께할 것이다. 다른 사람의 시선에서 벗어나 진짜 내가 원하는 것을 하나씩 찾아갈 때마다 살아있음을 느낀다. 내가 가지고 있던 굳은 틀을 깨고 새로운 프레임으로 세상을 바라볼수록 나도 몰랐던 또 다른 나를 발견하게 된다. 심리 상담을 받지 않더라도 책이나 강연을 통해 나를 들여다볼 수 있는 시간은 얼마든지 만들 수 있다. 많은 사람들이 나를 알아가는 즐거움을 꼭 느껴보았으면 좋겠다.

*

새로운 경험에 도전하는 즐거움

*

세상 일이 마음먹은 대로 될 때보다 그렇지 않을 때가 더 많은 것 같다. 다부진 마음으로 시작한 일도 시간이 지나면서 초심을 잃고 흔들릴 때가 있다. 나 또한 그랬다. 회사까지 그만두고 엄마의 삶을 살겠다며 큰소리쳤지만, 하루 종일 아이만 보는 일은 생각보다 힘에 부쳤다. 20개월까지 밤에도 모유 수유를 하고 있었기에 아기 낳고 나서 두 시간 이상 연달아 편히 자본 적이 없었다. 내가 내린 선택이 최선이 맞는 건지 혼란스럽기 시작했다. 엄마로서 잘 살고 있는 것인지도 의문이었다. 그러다 내가 좋아하는 김수영 작가의 책《마음 스파》를 다시 읽어보았는데 만나는 사람을 바꿔보라는 문장이 눈에 들어왔다.

내가 요새 만나는 사람들이 누구인지 생각해봤다. 아기와 남편, 여동생뿐이었다. 엄마가 되고 나니 가족 이외에는 누구도 만나지 않는 단절된 삶을 살고 있었다. 아, 그래서 내가 힘이 들었구나. 거의 1년을 집 안에만 갇혀 살다 보니 새로운 사람들을 만나보고 싶었다. 나와 너무 동떨어진 삶을 사는 사람들보다는 비슷한 고민을 하는 사람들과 만나보면 어떨까 싶었다. 1년 살기 모임도 이런 계기로 들어오게 되었다.

1년 살기를 하며 다시 한 번 나를 돌아볼 수 있는 기회를 가질 수 있었다. 우리 모임에서는 각자 한 번씩 자신의 인생을 이야기하는 발표 시간이 주어진다. 나는 상담을 통해 나만의 가치를 찾고, 스스로 회사를 박차고 나와 엄마 되기를 선택한 이야기를 담담하게 풀어놓았다. '그것 참 잘 선택했다!'며 칭찬해주는 사람은 없었지만, 가만히 내 이야기에 고개를 끄덕이고 공감해주는 사람들의 얼굴을 보는 것만으로도 많은 위안을 얻었다. 한 달에 한 번 모여서 3시간을 함께할 뿐이지만 육아로 힘겨웠던 일상에서 벗어나 재충전하기에는 충분한 시간이었다.

내가 세운 1년 목표는 '당당한 주부로 살기'였다. 이왕 하는 전업주부 생활을 재미있고 활기차게 해보고 싶었다. 내가 한 선택으로도 충분히 행복할 수 있다는 것을 스스로 증명하고 싶었다. 일을 하지 않아 정신적, 시간적 여유가 생긴다는 주부의 장점을 극대화해서 할 수 있는 일들이 무엇인지 생각해봤다.

먼저 시작한 것은 재테크 공부였다. 퇴직금으로 받은 돈을 어떻게 굴려야 하나 고민하던 중이었다. 아무리 아껴 살면 산다지만 둘이 벌다 하나가 버니 아쉬움이 컸다. 돈을 못 버니 재테크라도 잘해서 자산을 불려보고 싶었다. 내공이 쌓여 몇년 뒤 연봉만큼의 수익을 낼 수 있다면 일하지 않아도 둘이 버는 셈이니 괜찮은 방법 같았다. 주말에 남편이 아이를 보면 나는 강남역으로 강의를 들으러 갔다. 공부를 하며 대출에 대한 생각이 바뀌었다. 대출은 되도록 받지 않는 것이 좋고 최대한 빨리 상환하는 것이 옳다고 생각하며 살았다. 하지만 더 큰 수익을 위해 대출을 활용하는 것은 좋은 전략이 될 수도 있다는 것을 알게 되었다. 외벌이 살림에 무리한 대출은 받을 수 없기에 감당할 수 있을 만큼의 대출을 더 받고, 퇴직금을 보태 작은 투자를 시작했다. 아직은 시작한 지 얼마 되지 않아 수익률이 좋을지는 확신할 수 없지만, 재테크 무식자에서 벗어나 투자를 시도했다는 데 의미를 두고 있다.

체중 감량은 가장 이루고 싶은 목표였다. 마침 1년 살기에서 바디프로필 프로젝트 이야기가 나왔고, 나도 덥석 신청을 했다. 먼저 5일 동안 채식 위주의 정해진 식단만 먹는 FMD(Fasting Mimicking Diet, 단식모방식단)를 실천해봤다. 체중은 2.5kg 정도 빠졌다. 많이 빠진 것은 아니지만 음식에 대한 생각이 많이 바뀌었다.

그동안 나는 배가 고파 음식을 먹은 게 아니었다. 감정 상태에 따른 보상 심리로 음식을 선택하는 경우가 많았다. 몸이 축 처질 때면 당이 떨어진 거라며 달콤한 캐러멜 마키아또를 마셨다. 화나는 일이 생기면 스트레스를 풀어야 한다며 매콤한 떡볶이나 낙지볶음을 먹으러 갔다. 불어난 뱃살을 보면 한숨이 흘러나왔다. 죄책감이 계속되며 우울해지면 또다시 맛있는 음식으로 감정을 다스리려 하는 악순환의 연속이었다.

그런데 FMD 식단대로 먹어보니 몸이 가볍게 느껴졌다. 내가 평소에 너무 많은 양을 먹어서 그 음식을 소화시키느라 장기들이 피곤했던 것이다. 이때의 경험으로 나는 이제 어떤 음식을 먹을 때 왜 먹는지에 대해 항상 다시 묻는 습관이 생겼다. 빨리

다운된 기분에서 벗어나고 싶은 마음에 내 몸을 혹사시키려는 것은 아닌지 되묻다 보니 예전보다는 자극적인 음식을 찾는 횟수가 줄었다.

하지만 안타깝게도 나의 다이어트는 지속될 수 없었다. 둘째를 임신하는 바람에 더 이상 굶거나 힘든 운동을 할 수가 없게 됐다. 다 같이 바디프로필을 찍고 싶었는데 너무 아쉬웠다. 대신 임신 기간 중 불필요하게 체중이 늘지 않도록 관리하는 것으로 목표를 변경했다.

1년 살기를 하면서 매월 작은 목표들을 세우며 저절로 다양한 경험을 접하게 되었다. 어떤 목표는 성공하고, 어떤 목표는 실패하기도 한다. 하지만 두 가지 상황 모두 나에게 깨달음을 준다. 성공했을 때는 나도 할 수 있다는 자신감과 용기를 찾게 된다. 실패했을 때는 나와 맞지 않는 일은 아니었는지 되짚어볼 수 있고, 실패를 대체할 다른 방법을 찾다 보면 또 새로운 세상을 만나게 된다. 일의 결과도 중요하지만 과정에서도 얻는 것이 더 많은 것 같다.

즐거운 목표를 세우자

*

남편과 나는 연애 시절부터 거의 매일 만나서 수다를 떨었다.
하지만 아이를 낳고 나니 대화가 많이 줄었다. 조그만 핏덩이
를 먹이고 재우느라 눈코 뜰 새 없이 바쁘고, 똑같은 일상에 대
해 굳이 할 이야기도 없었다. 둘 다 일할 때는 회사 욕이라도
하며 다른 점을 공유했는데 이제는 '아이'라는 거대한 공통점
하나가 대화의 유일한 대상이자 진지한 대화를 막는 장애물이
기도 했다.

새해를 앞둔 어느 날, 남편과 오랜만에 대화할 기회가 생겼는
데 우리 모두 요즘 굉장히 무기력하고 자신감이 없다는 것을
알게 됐다. 회사를 그만두고 주부가 된 지 얼마 안 된 나만 느
끼는 감정인 줄 알았는데 남편도 똑같은 기분으로 최근을 살아
왔다는 것에 놀라지 않을 수 없었다. 그 당시 나는 체중이 불어
난 남편에게 등산이라도 가라고 잔소리한 적이 있었다. 운동을
좋아하지 않는 남편 입장에서는 산에 가는 것이 내키지 않는
목표였다고 했다. 어차피 실패할 것 같으니 아예 하기가 싫어

졌다고 했다. 나도 매월 스스로 세운 목표들을 제대로 달성하지 못하자 자책감에 사로잡혀 있었다. 그러다 그 당시 내가 읽었던 책 내용이 갑자기 생각났다.

"《매일 아침 써봤니?》라는 책을 보니까 즐거운 목표를 세우라고 하더라. 내가 세웠던 목표들이 왜 매번 힘들고, 하기가 싫었는지 생각해보니까 내가 진짜 즐기는 목표가 아니었던 것 같아. 그러니까 우리도 재미있으면서 작은 목표를 세워보면 어떨까?"

무엇이 우리를 무력함에서 끌어내 줄지 고민하다 보니 정말 즐길 수 있는 작은 목표를 떠올리게 됐다. 그래서 우리 부부가 생각한 목표는 '한 달에 두 번 가족 나들이를 떠나는 것'이었다. 이제 25개월이 된 딸에게 더 다양한 경험을 선물해주고 싶었지만 실제로는 날씨와 미세먼지 탓을 하며 집 안이나 키즈카페에서 보내는 시간이 많았다. 더 넓은 곳을 보여주러 여행을 떠나되 예산 문제도 있으니 한 번은 당일치기, 한 번은 1박 2일 일정으로 떠나기로 했다.

여행 계획 짜기를 좋아하는 남편은 장소를 고르고 일정을 기획하는 가이드 역할을 맡았다. 나는 생활비 이외에 공돈이 생기면 이것을 모아 예산을 꾸리는 총무 역할을 했다. 평소 아이 사진 찍느라 부부 얼굴이 들어간 사진은 거의 없었는데 매 여행

지마다 가족사진을 찍어 거실 벽에 포토월도 만들기로 했다. 이루고 싶을 수밖에 없는 즐거운 목표를 새해 계획으로 세우고 나니 우리 모두 설레는 맘으로 2019년을 시작할 수 있었다.

올 한해 우리 가족은 좋은 추억을 많이 만들었다. 1월에는 딸기 농장을 찾아 아이가 가장 좋아하는 과일을 직접 수확해보고, 얼음낚시로 잡은 빙어로 튀김을 해 먹었다. 2월은 한겨울이었지만 놀기 좋은 실내를 찾아다녔다. 온실로 된 식물원에서 활짝 핀 꽃과 나무도 실컷 보고, 워터파크 리조트에서 물놀이를 즐겼다. 3월에는 아침고요수목원 별빛 축제에서 화려한 조명들 사이로 뛰어다니며 놀았다. 전남 구례로 떠난 꽃놀이 여행에서는 산수유와 벚꽃이 핀 고택의 정원에서 햇살을 즐기며 오후의 여유를 만끽했다. 4월에는 아이가 좋아하는 책에 그려진 그림대로 캠핑을 떠났다. 자연휴양림을 찾아 새소리를 들으며 아침을 시작하고, 청량한 바람 냄새를 맡으며 산림욕도 했다. 5월에는 자연관찰책에 나오는 동물들을 보러 다녔다. 사파리 버스를 타고 사자와 곰을 직접 보고, 갯벌을 찾아 조개와 소라게를 잡고 놀았다.

여행이라고 해서 대단한 곳에 간 것도 아니다. 아이가 있는 집이라면 한 번씩은 가볼 만한 곳들이라 특별하지도 않다. 하지만 격주로 놀러 나가는 이벤트가 생기자 주말이 기다려졌다. 매일 아이만 보며 살던 무료한 일상도 버틸 만한 힘이 생겼다. 이전에도 주말마다 어딘가로 떠나 사진도 찍고 맛집도 다녔지만 잘 기억이 나지 않는다. 이렇게 목표를 세우고 결과를 기록하면서 아무것도 아닌 일들이 특별한 추억으로, 우리 가족만의 역사로 남게 됐다. 나는 여행을 떠나기 전 여행지에서 펼쳐질 일들을 기대하며 설레는 시간을 좋아한다. 매달 두 번씩은 그 설렘을 느끼며 살아가고 있다. 작은 행복이지만 자주 느끼게 되니 삶이 더 만족스러워졌다.

사실 처음에는 남편이 고른 여행지를 내가 다시 검색하며 정말 아이를 데리고 갈 만한 곳인지 따져보기도 했다. 걱정을 안고 사는 성격 탓이다. 그런데 그마저도 놓아버리고 남편이 계획한 대로 따르기 시작하니 아무 생각 없이 따라가는 재미도 쏠쏠했다. 사전 지식 없이 여행지에 도착하자 주변이 더 새롭게 느껴졌다. 고집스러운 내 주관을 내려놓았더니 더 자유롭고 여유 있게 여행을 즐길 수 있게 된 것이다. 아이 말고도 남편과 나눌 대화 주제도 많아졌다. 남편이 군 복무를 했던 구례로 여행을 떠났을 때는 남편이 그 시절 너무 맛있게 먹었다던 참게탕집을 찾아갔다. 추억의 음식을 먹으며 자연스레 20대 초반의 남편의 기억으로 돌아가 함께 이야기를 나누었다.

즐거운 목표를 세우고 나니 더 이상 목표 달성이 부담으로 다가오지 않는다. 나는 요새 한 달 목표를 정할 때 내가 진짜 원하고 즐기며 할 수 있는지 체크한다. 나를 억지로 막중한 의무감에 가둬두지 않는다. 하고 싶은 것 먼저 하며 살기에도 인생은 짧다. 물론 흥청망청 놀고 소비하는 것이 목표라고 할 수는 없다. 하지만 내 삶에 좀 더 만족감을 느끼게 해주고, 나를 성장하게 해주는 것이라면 괴로운 목표보다는 즐거운 목표를 세워 생동감 있는 삶을 사는 게 더 좋지 않을까?

*

1년 살기의 힘

*

처음 세웠던 1년 목표를 다시 꺼내보았다. 이룬 것도 있고, 이루지 못한 것도 있다. '그리 어렵지도 않은 목표를 100% 달성하지도 못했으면서 무슨 낯으로 책을 쓰는 것이냐!'며 뭇매를 맞을 것 같기도 하다. 하지만 1년 살기를 하며 목표 달성 자체보다 더 많은 것을 배웠다.

먼저, 꾸준함의 힘을 믿게 되었다. 나는 사실 의지박약의 아이콘이다. 공부할 때는 항상 의욕만 앞서 '오늘 할 일'을 넘치도록 적어뒀다가 다 끝마치지 못해 자책하기 일쑤였다. 직장에 와서도 새로운 일을 시작할 때마다 실패하고 질책 당할까 두려워 고심만 하다 타이밍을 놓칠 때가 많았다. 그런데 1년 살기를 하며 목표를 세분화하고 이것을 매일 묵묵히 지키다 보니 어느새 목표가 하나둘 이루어졌다. 이 책을 완성하는 과정도 마찬가지였다. 난생 처음 A4 10페이지나 되는 원고를 써야 한다니 막막했다. 하지만 처음 일주일은 하루에 한 꼭지씩 목차를 정하기로 하고, 그다음 일주일은 목차에 맞게 어떤 이야기를 쓸지 구상했다. 그 후에는 하루에 반 페이지씩만 글을 써보자고 용기를 냈다. 그렇게 쓰면서 반 페이지가 한 페이지가 되고 어느새 분량을 맞춰 글을 쓸 수 있었다. 아주 작은 목표도 매일 실천하는 꾸준함이 중요한 것 같다.

두 번째로, 유연하게 생각하게 되었다. 1년 살기를 시작한 초반에는 강박적으로 목표를 여러 개 만들었다. 매주 3권씩 독서하기, 새벽 5시에 기상하기, 하루에 한 편씩 블로그에 글쓰기 등 갑자기 생활 패턴에 많은 변화를 주었다. 하지만 강압적으로 나를 몰아갈수록 쉽게 지쳐버렸다. 좋아하던 독서도 더 이상 즐겁지가 않았다. 갓난아이를 아기 띠로 안고 재우며 책을 읽을 만큼 독서를 좋아했지만, 다른 사람이 추천해준 필독서 목록대로 책을 고르고, 숙제하듯 읽으니 고역이었다. 새벽 기상은 정말 좋은 습관이고, 지금도 지속하려고 하지만 매일 성공하기는 쉽지 않았다. 소리 나지 않게 조심스레 방을 나가도 귀신같이 엄마의 빈자리를 알고선 울음을 터뜨리는 아기가 있었기 때문이다. 물론 피곤하다는 핑계로 그냥 자버린 적도 많았다. 며칠 연속으로 새벽 기상에 실패하자 자책감이 밀려오고 잠귀 밝은 아이까지 원망하게 됐다. 이렇게 근성이 부족해서 뭘 하겠다는 것인지, 나 자신을 한심하게 생각했다.

이런 생각에 빠져 허우적대다가 문득 이게 내가 정말 좋아하는 것인지 다시 물어보았다. 내가 독서 자체를 좋아했는지, 많은 책을 읽는 것을 인증하는 걸 좋아했는지. 새벽에 일어나 혼자만의 시간을 누리길 좋아했는지, 막연한 동경심에 성공한 자들의 생활습관을 따라 하는 것을 좋아했는지. 그러자 모든 것이 분명해졌다. 남들이 추천해주는 것들이 모두 나에게 맞을수는 없는 것이었다. 내 생각보다도 나는 더 구속을 싫어하는사람이었다. 내가 자유로운 영혼(?)이라는 것을 깨달은 뒤부터목표를 즐겁게, 내가 좋아해서 이룰 수 있게, 단순하게 세워 나갔다. 힘들 때는 돌아가도 되고, 쉬었다 가도 된다. 언제든 다시 시작하면 된다. Detour도 Tour 이지 않은가! 여행의 끝엔 언제나 깨달음이 있다. 처음 정한 목적지가 아니더라도 포기하지않는다면 그 여정이 나를 더 멋진 곳으로 이끌어준다.

세 번째로, 1년 살기를 하며 나의 현재 모습에 더 당당해졌다.
작년 이맘때쯤 내 머릿속은 온통 아이뿐이었다. 가끔씩 직장에서 잘 나가는 워킹맘 친구들을 보며 퇴사한 것을 후회하기도했다. 하지만 1년 살기를 시작하고, 작은 목표를 세우고, 그것을 성취해 나가는 과정을 반복하면서 자신감을 되찾을 수 있었다. 전업주부 생활도 내가 가치 있게 정의하면 당당한 커리어가 될 수 있다고 느끼게 됐다. 누구나 생각하는 성공은 아니지만, 나는 내 인생에서 성공한 1년을 잘 보냈다고 생각한다. 누가 뭐라든 내가 만족하는 삶을 산다면 그것이 행복 아닐까?

너무도 평범한 나의 이야기가 독자들에게 조금이라도 도움을 줄 것이라고 감히 기대하지 않는다. 대단치 않은 성과들을 가지고 책을 썼다는 생각에 지금도 송구스러울 뿐이다. 어찌 보면 이 책은 나를 위한 것이다. 그리고 내 딸을 위한 것이다. 미래에 또 시련을 겪으며 흔들리고 있을 내게 보내고 싶은 글이다. 힘들고 지쳤을 때 다시 일어날 수 있는 사람이 너라는 사실을, 새로운 작은 일들을 시작하며 용기를 내본다면 언제든 당당한 나로 돌아갈 수 있다는 사실을, 사랑하는 나에게 꼭 일깨워주고 싶다.

▶ 남편이 그려준 아내의 모습

조민정

(하얀눈썹)

16년째 중국과 교류 중인 중국 연구가. 워킹맘으로 좌충우돌하던 시절, 1년 살기를 만났다. 구글이나 애플만큼 직원에 대한 대우가 좋은 회사를 다님에도 불구하고 아이의 잦은 잔병치레로 어린이집과 병원, 회사를 오가며 전전긍긍한다. 그 와중에도 자신을 사랑하는 법을 놓지 않는 그녀다.

내 집 마련을 못 하더라도, 내 경력이 단절되더라도, 아이 옆에 있어 줘야 하는 게 아닐까, 입원실 구석에서 밀린 메일에 회신하고 업무용 문서를 작성하면서도 고민이 많았다. 특히 아이에게 잘못하는 건 아닐까 하는 죄책감에 시달리기도 했다. 그렇게 마음속 사표를 꺼내려는 순간마다 그녀를 잡아준 건 '내 인생에 다시없을 1년 살기'였다. 특히 '1년 살기' 멤버들이 큰 도움이 되었다. 그들의 위로와 경험담이 없었다면 지금의 그녀는 없었으리라 확신한다.

여전히 눈 밑은 퀭하지만 매사 즐겁게 도전 중이다.

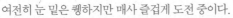

어떻게 살아도
눈 밑이 퀭할 거라면

* * *

조민정 (하얀눈썹)

* * *

나는 행운아였다. 다크서클이 눈 밑까지 내려온 행운아.
육아 휴직은 비록 쓰지 못했지만 재택근무라는 더 큰 선물을
받았고, 7개월 된 아이를 어린이집에 보내야 했지만 출퇴근이
없는 것만으로도 아이와 함께할 수 있는 시간이 늘었다.
우리 회사는 구글, 애플보다 복지가 더 좋다는 사장님 말씀을
그동안 농담으로 넘겼었지만 지금은 정말 감사하다. 집에서 돈
벌며 아이까지 키우는 엄마가 어디 흔할까. 주변에서는 사장님
이 정말 좋으시다며 다들 부러워했다. 정말 그랬다. 내 인생에
부모님을 제외하고 이보다 더 큰 은인은 없을 거다. 그 감사함
과 더불어 행복하게 지내야 하는데… 현실은 그러지 못했다.

출구 없는 워킹맘

아이가 어린이집에 적응은 잘했지만 매번 열 감기에 걸려 어린이집 출석 일수를 간신히 채우는 달이 많았다. 낮에는 급한 메일만 보내놓고 외부 미팅을 가야 할 때는 어쩔 수 없이 아이를 친정에 맡겼다.

하루는 고객사에 샘플을 전달해야 하는데 도저히 아이를 맡길 곳이 없어서 아이를 카시트에 태우고 갔다. 다행히 긴 미팅이 아니었던 데다 가는 길에 아이가 잠들어서, 차를 세워놓고 그 앞에서 담당자와 만나는 일도 있었다. 돌이켜 생각해보니 양해를 구하고 일정을 미뤘어도 될 걸, 아무리 아이 때문에 일을 미루고 싶지 않다 해도 너무 요령이 없었다.

어느 날은 아이가 열이 끓어 입원 절차를 밟았다. 그날 미팅을 미룰 수 없어서 급하게 반차를 쓰고 온 남편과 병원에서 교대했다. 눈앞에 아른거리는 아이를 애써 지우며 미팅에 무사히 다녀왔지만, 링거를 꽂느라 자지러지던 아이가 엄마를 찾았다는 걸 전해 들었을 때 마음이 수십 차례 무너졌다. 내 집 마련을 못 하더라도, 내 경력이 단절되더라도, 아이 옆에 있어줘야 하는 게 아닐까, 입원실 구석에서 밀린 메일에 회신하고 업무용 문서를 작성하면서도 고민이 계속됐다. 특히 아이에게 잘못하는 건 아닐까 하는 죄책감에 시달렸다.

그렇게 마음속 사표를 꺼내려는 순간마다 나를 잡아준 건 '내 인생에 다시없을 1년 살기'였다. 특히 '1년 살기' 멤버들이 큰 도움이 되었다. 그들의 위로와 경험담이 없었다면 지금의 나는 없었으리라 확신한다.

'내 인생에 다시없을 1년 살기'를 만난 건 아이의 돌을 한 달 앞둔 어느 날이었다. 재택근무로 아이를 돌보니 다른 워킹맘보다 유리한 고지를 점했건만 점점 생기를 잃어가고 있었다. 출퇴근이 없다는 이유로 집안일은 온전히 내 몫이 되었고, 낮에 일을 제대로 못 했거나 마감이라도 해야 하는 날은 아이를 재우고 밤늦게 일을 시작해야 했다. 출산 전까지 좋아했던 책을 한 달에 한 권도 못 읽었다는 사실을 발견했을 때, '결혼은 둘이 했는데 왜 나만 이렇게 바쁜가' '다른 일하는 엄마들도 이런 생활인가' 하는 생각에 매일 마음이 흔들렸다. 남편에게는 물론, 매일 새벽 수시로 깨는 돌도 안 지난 아이 엉덩이를 팡팡 치며 짜증을 냈다. 그런 내 모습을 발견한 순간에는 아이를 안고 눈물을 줄줄 흘렸다.

하루가 다르게 피폐해지던 그때, 아는 언니가 내민 손길이 얼마나 고마웠는지 모른다. 한 달에 한 번, 강남역에서의 아침 모임 세 시간쯤은 나에게 투자할 수 있겠다 싶어서 냉큼 참석 의사를 밝혔다. 뭘 하는 모임인지도 몰랐고 그저 잠시라도 일이 아니라 나를 위해 외출을 한다는 자체가 기뻤다. '1년 살기' 첫날, 강남역으로 가는 버스를 기다리는데 얼마나 설레던지. 출산 이후 나를 위해서 첫 발걸음을 뗀 날이었다.

9시 정각, 새로운 사람과 만나는 어색한 자리에서 쭈뼛쭈뼛 자리에 앉고 나니 퀸스드림 님 발표가 시작됐다. 네이버 블로그를 통해 종종 답글을 주고받던 사람을 실제로 만나니 신기했고, 어떤 분인지 궁금했다. '1년 살기'가 시작된 사연, 그리고 그 경과를 듣고 있으니 내 처지가 대입되면서 가슴이 크게 울렸다. 특히 "여자이기 때문에, 아이 때문에 못 한다는 핑계를 대서는 안 된다"는 그 한마디를 들을 때 내 마음을 들킨 것 같았다.

아이가 내게로 온 순간부터 나는 무엇이든 먼저 포기할 생각부터 했다. 병원에서 임신을 확인하고 온 다음 날, 사장님께 임신 사실을 알리고 출산 후 최소 3개월은 일을 못 할 것 같다며 새 직원을 뽑으셔도 이해할 수 있다고 말씀드렸다. 직원이 많거나 체계적인 시스템이 있는 회사가 아니었기 때문에 육아 휴직은 언감생심 신청할 생각도 못했다. 나로 인해 다른 사람이 일을 더 하는 게 미안하고 싫었다. 마음속으로는 '다시 일할 수 있을까?'라는 두려움이 있었지만 용기 있게 말을 꺼냈다. 감사하게도 사장님께서는 내 의사가 중요하다며 일을 계속하고 싶은지 물어봐주셨다. 망설이다가 일을 계속 하고 싶다고 말씀드렸고, 사장님은 지인들을 통해 어떻게 공백을 메우면 좋을지 알아보셨다. 회사에서는 처음 임시 계약직을 뽑는 걸 생각했으나, 알아보니 임시 계약직은 시간만 보내다 가는 경우가 많다고 했다. 사장님은 출산 휴가만 가도 되겠냐고 나의 의사를 물어봤고, 일을 계속할 수 있게 됐다.

당연히 축복받을 임신. 행복한 마음과 별개로 임신으로 폐를 끼칠 수 없다는 강박관념은 임신 기간 내내 나를 사로잡았다. 출산 휴가가 끝난 3개월 후에 아이를 맡기는 일도 고민이었다. 어린이집에 맡기자니 뉴스에서 종종 아동학대 소식이 들려왔고, 육아 도우미를 부르자니 아이 혼자 두는 것이 너무 불안했다. 친정어머니는 몸도 약하시고, 연달아 임신한 동생의 산후 조리도 해주셔야 했다. 시어머니는 일을 하시는 데다 너무 멀리 살고 계셨다. 갓 태어나 꼬물꼬물하는 아이를 볼 때마다 아이를 위해서 일을 그만둬야 하지 않을까 생각했다. 무언가 포기해야 하는 순간은 수시로 찾아왔다. 아이가 아플 때, 맡길 곳이 마땅치 않을 때, 어린이집 다니면서 돌도 안 된 아이에게 자주 항생제를 먹여야 했을 때, 어떻게든 다른 대안을 생각하지 않고 일을 포기하려고 한 것이다. 오랫동안 해왔기에 몸에 배어 너무나도 익숙한 존재이자, 소중한 돈을 벌어다주는 존재인 '일'을 말이다.

너무도 인상 깊었던 그 한마디 때문에 그 이후 모임에서 어떤 대화가 오갔는지 전혀 기억이 나지 않았다. 그저 멍하니 나는 이제 어떡해야 하지, 라는 생각만 들었다. 그러다 일단 시키는 대로 해보자, 라고 마음을 정리했다. '1년 살기' 모임에는 참석을 결정하면 숙제가 있다. '1년 목표'와 '월별 목표'를 작성하고 공개하는 거다. 다른 사람 앞에 공개를 하면 꼭 지켜야 할 거라는 생각에 나름 깊게 고민하여 작성했다. 임신 후 처음으로 목표라는 걸 정해봤다. 아이를 키워야 하니까 못할 거야, 라고 미뤄두었던 책쓰기도 집어넣었고, 책읽기는 물론 블로그 포스팅까지 출산으로 그동안 하지 못했던 일을 하나씩 꺼내어 작성했다. 1년 목표라고 해서 야심찬 무언가가 있는 게 아니라 주변을 의식하지 않고 진정으로 하고 싶었던 일, 해야 한다고 생각한 일을 죽 써 내려갔다. 1년 목표를 기준으로 월별 목표도 작성했다. 무언가를 써놓았다는 것만으로 반은 이뤄낸 것 같은 기분이었다. 아이의 돌도 지났으니 시간적 여유가 생기겠지, 100%는 아니더라도 어느 정도 달성하고 나도 성장하겠지, 라는 마음으로 목표를 작성하고 딱 하루 그 뿌듯한 기분이 유지됐다는 게 아쉬운 점이지만.

그 달 해낸 건 간신히 책 한 권을 읽은 게 전부였다. 아무것도 읽지 않고 있다가 월별 결과를 적어야 해서 뭐라도 해야겠다 싶은 마음에 부랴부랴 억지로 달성한 거였다. 남들은 막상 내 결과에 관심 없겠지만 스스로 뭔가 올릴 게 없는 게 부끄러웠다. 거짓말이라도 50%는 달성한 걸로 적을까, 하다가 책이라도 한 권 읽고 솔직하게 게시판에 결과를 작성했다. 당시 밤중 수유를 끊지 못하고 있었기 때문에 육아의 여파라며 심심한 위로를 했었다.

아이가 돌이 지나면 좀 나아지겠지… 했는데 웬걸, 돌이 지나고 아이가 입원하면서 '1년 살기' 모임도 참석할 수 없었다. 아이가 약을 많이 먹는 것도 마음에 걸리는데 아프니 엄마 껌딱지가 되어 어떤 것도 하기 어려웠다. 지금 생각해보면 잠깐이라도 틈을 내서 참석할 수 있었을 텐데 그때는 아이가 아프니 어떤 것도 눈에 들어오지 않았다.

첫 마음과 달리 매월 목표는 점점 축소되었고, 달성률도 계속 10% 미만을 맴돌았다. 다른 분들 목표와 달성률을 보면서 초조한 마음도 들었다. 이렇게까지 피곤하게 살아야 하나, 생각했음은 물론이다. 이 상황을 어떻게 해결해야 할지 모른 채 두 달이 흘렀고, 그 시간이 흐르고 나서야 그제야 모임에 참석할 수 있었다. 어디로 나아가야 할지, 계속 이렇게 쳇바퀴 같은 일상을 이어나가야만 하는 건지 답답하던 차에 모임에서 조금씩 답을 찾기 시작했다.

*

죽음에는 순서가 없다

*

거의 석 달 만에 다시 서울 가는 버스 정류장에 섰다. 놀러가는 것도 아니고 자기계발 모임에 참석하는 건데도 콧노래가 절로 났다. 매월 목표를 거의 달성 못 하고 있었지만 다른 사람들을 만나면 자극도 받고 오리라. 모임에서는 매월 두 사람씩 자신의 이야기를 발표했는데, 지난 두 달은 들을 기회가 없어 매우 아쉽던 참이었다. 다른 발표와 강의도 모두 뜻깊지만 특히 평범한 사람들의 각자 인생을 소개하는 시간이 정말 인상 깊었다. 가까운 친구의 삶도 이렇게까지 깊게 들여다보고 이해할 시간은 없었던 것 같다. 각자의 이야기는 큰 깨우침을 주기도 하고, 어떤 이야기는 나도 실천해봐야겠다는 생각이 들게끔 한다. 때로는 인생 전반에 영향을 주는 주제도 나왔다. 나에게는 그 주제가 '존엄사(Well dying)' 였다.

가까운 사람의 죽음을 겪고 죽음을 잘 맞이하는 일에 관심이 많다는 내용의 발표는 모임 리더인 퀸스드림 님의 죽음 체험 이야기로 이어졌다. 유언을 작성하고 관에 들어갔다 나온 이야기는 소름 끼치게 마음에 와 닿았다. 죽음은 언제나 가까이 있는데 그 사실을 잊고 살았다.

처음 죽음을 눈으로 담은 건 20대 취업준비생 시절이었다. 면접을 보고 오는 길에 넘어져서 다리에 피를 질질 흘리며 귀가

하던 날이었다. 구순을 넘기신 할아버지께서 "나 죽는다"는
말을 달고 지내신 지 한 달이 넘어가던 날이기도 했다. 여느 때
처럼 "다녀왔습니다" 인사를 하기 위해 방문을 열었는데, 할아
버지께서 숨을 가쁘게 쉬시다 입을 벌린 채 멈추신 것 같았다.
느낌이 이상해서 다급하게 엄마를 불렀고, 119 구급대원이 온
후에야 돌아가셨다는 걸 알았다. 그제야 내가 할아버지 임종을
지켰다는 걸, 그러나 아무것도 모르고 그냥 넘어갔다는 걸 알
았다. 할아버지와 깊은 유대관계도 없었고, 구직으로 지쳐 있
어서 할아버지께서 돌아가신 건 슬펐지만 죽음에 대해 깊게 생
각해볼 여유가 없었다.

그다음으로 죽음을 가까이 느낀 건 회사에서 같이 일하시던 이
사님이 떠나셨을 때였다. 생전에 가깝게 지냈던 분이고 암으로
돌아가셨기 때문에 큰 충격으로 다가왔었다. 당시 임신 중이어
서 내게는 곧 만나자는 연락만 주셨는데 되돌아보니 그건 본인
의 죽음으로 만날 일이 생긴다는 말씀이셨다. 나를 제외한 주
변 사람들에게 빠르게 찾아온 죽음으로 느끼는 점을 이야기하
고 후회 없는 인생을 살라는 말씀을 남기셨다고 한다. 이사님
께는 영어랑 기타도 배웠고 연애 상담까지 할 정도였기 때문에

지금도 종종 생각이 난다. 돌아가셨을 당시 만삭이어서 주변의 만류와 내 망설임으로 장례식장을 찾지 못했는데 후회가 된다. 잘 죽는 일 못지않게 이별을 잘해야 했다.

마음 깊이 미뤄두었던 죽음이 수면으로 떠오르자 아이 생각이 먼저 났다. 아이가 없었다면 죽는다고 해도 부모 형제와 남편에게 얼마 있지도 않은 재산을 어떻게 나누어줄지만 생각했을 거다. 그런데 막상 아이가 있으니 내가 죽으면 이 아이가 나를 어떤 엄마로 떠올려줄까 하는 생각이 제일 먼저 들었다. 그리고 내 아이에게 어떤 유산을 물려줄 수 있을까 하는 생각이 들었다. 이 주제는 곧 '1년 살기' 첫 모임에서 받은 '내 인생의 Why'라는 질문과도 연결이 됐다. 이 질문에 대한 답은 아직도 찾는 중이다. 그러다 찾아낸 해답 중 하나는 내 아이에게 삶을 살아가는 데 도움이 될 무언가를 유산으로 남겨주는 일이 됐다.

아이를 임신했을 때 읽은 육아 서적에는 "좋은 부모가 되고 싶다면 좋은 사람이 되면 된다"라는 구절이 있었다. 막연히 성실하고 상냥한 사람이면 좋은 사람이지 않을까 생각했었는데 막상 아이에게 내가 살아가는 방식을 유산으로 물려줘야 한다고 생각하니 좋은 사람에 대한 답은 아닌 것 같았다. 좋은 사람이란 무엇일까? 좋은 사람에 대한 기준을 찾으려니 먼저 나 자신에 대해 좀 더 알아보아야겠다는 생각이 들었다.

나는 어떤 사람일까? 이 질문에 대한 답은 나에 대한 이야기 발표를 준비하면서 윤곽을 잡아갔다. 어린 시절 나에게 요구되는 사항은 장녀로서의 역할이었다. 바른말을 써야 하고 동생들을 잘 돌보고 부모님 마음을 먼저 헤아려야 하는 딸. 더불어 선생님께 칭찬받고 성실한 학생이어야 했다. 다 자라서는 맏이에게 기대하고 의지하는 마음을 이해하게 되었지만, 출산 전까지는 그 의무감에서 벗어나고 싶을 때도 있었다. 그래도 첫째 딸로 태어난 것이 불만스럽지는 않다. 주변 사람들, 특히 '1년 살기' 모임 멤버들까지도 맏이가 많은데 맏이로서 책임감과 성실함, 따뜻함이 익숙하고 편안하다. 물론 맏이들만 이런 성향을 가졌다는 것은 아니다. 다만《첫째 딸로 태어나고 싶지는 않았지만》책을 보면서 맏딸들은 비슷한 성향을 가지고 있다는 것에 다시 한 번 공감했을 뿐이다.

장녀로서 책임감은 사회생활에도 적지 않은 도움이 됐고 만족한다. 이 기초 자질을 바탕으로 남을 돌보는 일보다는 나를 돌보는 일에 1년을 투자해보기로 했다.

학창 시절, 다른 사람을 바라보는 일에 치중해 포기했던 취미가 있었다. 바로 그림 그리기와 글쓰기였다. 그림 그리기는 재능이 없는 곰손인 탓도 있었지만 국·영·수 학원도 부담스러운 형편에 미술학원을 보내달라고 할 용기가 없었다. 지금 생각해보면 부모님께서 직접 돈이 없다고 하신 적도 없었는데… 두 분이 나누시는 말씀을 듣거나 지인과 통화하시는 내용을 듣고 지레짐작해 가정 형편을 먼저 고려했었다. 동생들은 그런 거 신경 쓰지 않고 본인이 하고 싶은 것을 말했던 것에 비해 나는 너무 빨리 포기했던 것 같다.

또 하나, 글쓰기는 고2 때 원고 발표를 하는 시간에 재능 있는 친구의 글을 듣고서 내 길이 아니리라 확신했다. 사춘기였던 그 시절, 친구의 감수성은 따라갈 수 없을 만큼 반짝거렸다. 그 이후로 우리는 어떻게 되었을까? 결론부터 먼저 말하면 그 친구는 공무원이 되었고, 나는 책을 계속 만들고 있다. 글에는 여러 종류가 있다는 것, 각자 다른 힘이 있다는 걸 그때의 편협한 시각으로는 미처 알지 못했다. 그림 그리기와는 다르게 글쓰기는 그나마 중국 업무를 하면서 내 또래와 미래 후배들에게 중국 업무 관련 사항을 소개해주고 싶은 마음에 책을 준비하면서 다시 끈을 이어나갈 수 있었다. 그 이후 절필하고 아예 글쓰기를 하지 않았지만.

'1년 살기' 첫 모임 때 세운 1년 목표와 다른 방향으로 내 1년이 정해졌다. 재능이 없어도 최소 1년 그림책과 시, 에세이, 소설을 만들어보기로 했다. 방향을 정했더니 이번에는 시간이 문제였다. 육아, 회사일, 집안일을 하고 나면 글을 끼적여보거나 선 그리기 연습할 시간도 빠듯했다. 시간 때문에 남편에게 짜증도 많이 부리고 아이가 빨리 잠들지 않으면 나도 모르게 아이에게 짜증을 부렸다. 그러다 떠올린 것이 임신했을 때 눈여겨봤던 '하루 만에 책 쓰기' 수업이었다. 여기저기 글쓰기, 책쓰기 수업은 많지만 '하루 만에'라는 문구가 인상적이었다. 이 수업을 듣기 위해 적금 들려고 했던 성과급을 투자했다. 책쓰기에 대한 고정관념을 깨고 생각의 전환을 도와주어서 12시간 만에 초고를 쓸 수 있었다. 중국 업무와 관련해 만들었던 책은 초고에 한두 달을 투자했고, 그 후 여러 번 탈고가 이뤄졌으며 다른 유명한 작가들 책이 먼저 출간되어야 해서 거의 시작한 지 만 2년이 되어서야 세상에 나올 수 있었다. '하루 만에 책 쓰기'는 주로 자가 출판 방식으로 진행해 늦어도 한두 달이면 책이 세상에 나오는 방식이었다. 또 시간을 쪼개서 초고를 작성하는 것보다 시간을 몰아서 한 번에 쓰다 보니 원고 흐름이 끊기지 않았다. 아이를 돌봐야 해서 12시간을 이어서 쓰지는 못했지만 아이를 재운 저녁에 3~4시간씩 몰아서 쓰니 한결 수월했다. 잠이 조금 줄긴 했지만, 일주일에 며칠이고 내가 좋아하는 일을 하니 견딜 만했다. 그렇게 해서 자가 출판으로 결혼, 육아 에세이《결혼하니 어때》와 그림 동화책《엄마의 하루》를 만들 수 있었다.

종이책뿐 아니라 전자책도 만들어보았다. 판매 결과와 무관하게 성취감이 있었다. 주로 지난 일상을 되짚어 글을 쓰다 보니 남편에게 서운한 점이 있어도 바로 표현하지 않고 생각을 정리할 시간을 가질 수 있었다 . 100% 나만의 책 디자인을 위해 '색연필로 그리기' 온라인 수업도 시작했다. 곰손임을 다시 한 번 확인하는 중이지만 하고 싶은 일을 하니 정말 기분이 좋다.

내가 좋아하는 일이 무엇인지 찾는 것도 중요하지만 '1년 살기' 모임의 강제성도 도움이 되었다. 다른 사람 앞에서 어떤 일을 하겠다고 말을 뱉었으니 안 할 수 없지 않은가. 게다가 우리 모임은 단체 카카오톡 방에서 점검이 이루어진다. 그동안은 돈을 써서 강제성을 부여받았지만 이제는 자발적으로 멤버들에게 강제성을 부여받으니 돈도 아낄 수 있었다.

회원들의 건강관리에도 강제성이 부여되었다. '1년 살기'에서 발표한 모든 회원의 보물지도에는 공통점이 있는데 바로 건강한 신체다. 그 중 헬렌 님은 구체적으로 바디프로필을 찍으려고 한다고 하셨는데 그 말이 시발점이 되어 단체 바디프로필을 찍기로 했다. 바디프로필 예약 후 통장에 돈을 모아두었는데 중도에 포기한 사람은 돌려받지 않기로 했다. 돈도 돌려받을 수 없고, 다른 사람과 한 약속인 데다, 아이와 함께 찍기로 했으니 쉽사리 포기할 수 없다. 빵이랑 국수를 사랑하지만, 저절로 오이와 방울토마토에 손이 갔다. 십일자 복근을 성공할 수 있을지 모르겠지만 최소한 육아로 병든 무릎과 허리는 살릴 수 있지 않을까 기대했다. 아직 어리지만 아이도 나중에 엄마와 찍은 사진을 보면서 운동에 흥미를 느낄 것 같다.

나 자신을 먼저 돌아보니 그다음으로 가족들도 자연스레 돌아보게 되었다. 한 달을 살뜰히 쪼개서 생활하니 남편에게는 개인 시간을 줄 수 있었고 아이와 함께 바깥 나들이도 갈 수 있었다. 그동안은 아이가 자주 아파서 야외 활동이 두려웠는데 이제 걷는 것도 익숙해져서 나갈 수 있겠다 싶었다. 아직도 초보 엄마지만 아이가 콧물 조금 흘리는 건 두려워하지 않을 마음도 생겼다.

나 또한 집에만 있는 걸 좋아하는 성향이었는데 사람도 만나고 자연을 만나며 변화하고 싶은 마음도 커졌다. 바깥 나들이에 나서자 아이가 말은 못 하지만 힙시트에 앉은 아이의 발이 흔들흔들 춤추는 걸 보며 잘한 선택이구나 싶다.

남편도 바람을 쐬고 나면 기분 전환이 되는 눈치다. '1년 살기' 회원들은 가족 나들이도 월별 목표로 세우는데 나도 동참해서 꼭 목표로 세우고 달성하고 있다. 우리 집은 첫째 주 토요일은 나만의 개인 시간, 둘째 주 토요일은 남편 개인 시간, 넷째 주 토요일은 가족의 날로 보내는데 매월 정해진 일정이 안정감을 주고 즐겁다. 여러 행사와 번외 사항으로 일정을 지키기 힘들 때는 융통성 있게 조정하기도 한다. 이렇게 일정이 자리를 잡으니 자연스레 남편과의 데이트에도 시간을 할애할 수 있게 되었다. 일단 분기별 한 번 데이트하기로 했는데, 첫 데이트는 카페에서 둘이서 차 마시는 일이었다. 아이가 태어나고 만 2년이 가까이 되도록 둘이 차 한 잔 마실 여유를 갖지 못했었다.

정말 시간이 없어서가 아니라 마음의 여유를 찾지 못해서 그랬던 것 같다. '1년 살기'를 통해 계획을 세우고 나니 시간을 더욱 효과적으로 쓸 수 있게 되었다.

월별 목표의 좋은 점은 시간 관리에 있었다. '하루 만에 책 쓰기' '한 달에 한 번 가족의 날' 등을 지정하고 보니 집안일도 몰아서 하면 어떨까 하는 생각이 들었다. 여러 시도 끝에 지금은 하루 한 시간 집안일을 하고 있다. 설거지는 끼니 때마다 해야 하니 어쩔 수 없지만, 청소나 정리 등은 일이 끝나는 퇴근 시간 즈음하고 있다. 몰아서 하다 보니 급한 마음이 들지만, 정해진 시간 내에 해치워야 한다고 생각하면 속도를 빨리하게 되고, 끝내고 나면 속이 후련하다. 그 결과 집은 엄청 깨끗하지 않지만, 사람이 살 만한 정도가 되었다. 음식도 반찬가게 도움을 받거나 30분 안에 끝낼 수 있는 요리만 하기로 했다. 고리타분한 말이지만 시절이 좋아 오븐이랑 세탁 건조기가 있으니 시간이 많이 단축된다.

'1년 살기'를 하기 전에는 뭐든지 완벽하게 하려는 마음에 시간에 많이 쫓겼다. 지금은 월별 목표를 더 쪼개서 주별 목표를 세우며 시간적 여유를 많이 가지게 됐다. 목표를 달성하지 못해 속상하거나 정해진 일을 하기 싫은 슬럼프에 빠질 때도 있다. 그럴 때는 극단적이기는 하지만 지금 내가 사는 이 순간이 얼마나 감사하고 소중한지 되짚어본다. 또 나중에 아이가 나를 어떤 엄마로 기억할까를 생각하면 다시 힘을 낼 수 있는 원동력이 된다. 《마녀 체력》의 저자도 철인 경기를 포기하고 싶었지만, 아이에게 부끄러운 엄마가 되기 싫어 끝까지 해낼 수 있었다고 한다. 나도 자랑스러운 엄마로서 내가 좋아하는 일부터 더 미루지 않고 전진하는 나날을 이뤄가고 있다.

*

불타는 고구마에서 용감한 엄마로

*

돌아보면 항상 엄마가 되겠다는 꿈만큼은 한결같았다. 처음 직장을 다니면서도 아이가 생기면 회사를 그만둬야 할 수도 있다는 생각을 했었다. 그 때문에 결혼 전부터 경력 전환에 대한 준비를 쉬지 않고 했다. 회사를 그만두면 중국어 과외로 먹고살 수 있지 않을까 싶어 한때 중국어 주제의 블로그를 열심히 했었다. 《부자 아빠 가난한 아빠》를 읽고는 내가 돈을 벌지 못해도 나 대신 수익을 벌어다줄 보이지 않는 손을 만들려고 부동산 특강을 열심히 들으러 다니던 때도 있었다. 결과적으로 여러 시도는 성공하지 못했지만 아직도 계속 고민하는 항목 중 하나다. 감사하게도 회사 일을 계속하고 있지만, 육아 선배 맘들 이야기와 아이가 아플 때마다 경력 전환에 대해 고민하게 된다. 이럴 때는 아빠 엄마 할 것 없이 시간제 근무가 가능한 북유럽의 선진적 육아 제도가 부럽다. 우리나라는 사회적, 제도적 뒷받침이 없으니 아이가 당장 유치원에 가면 도우미를 써야 할 텐데… 남의 손에 아이를 맡긴다는 게 영 미덥지 못하다. 그래서 하고 싶은 일보다는 시간적 자유가 있는 일을 우선순위에 고려하고 있다. 그러던 차에 '1년 살기' 모임을 통해 해결책을 향한 실마리를 찾아가고 있다.

어릴 적 내 별명은 '불타는 고구마' 였다. 사람들 앞에서 발표할 때마다 얼굴이 빨갛게 불타올랐기 때문이다. 나름대로 열심히 준비했는데도 많은 사람 앞에서 이야기할 때마다 긴장이 됐다. 다른 사람에게 어떻게 보여질까 걱정을 많이 했고, 혹여나 실수를 해서 비난받을까 봐 두려웠다. 친구들과 대화도 재치있게 하지 못했고, 긴장과 두려움으로 말하는 사람보다 듣는 사람으로 지내는 것이 익숙해졌다. 다른 사람보다 말을 더 많이 하고 돌아가는 날이면 뭔가 개운치 못한 느낌을 받을 정도였다. 이렇게 말하는 일에서 멀어지다 보니 누군가 앞에서 말할 일이 없었다. 그런데 '1년 살기' 모임은 익숙하지 않은 사람들 앞에서 강제적으로 최소 5분은 말을 해야 했다. 매번 첫 시간, 한 달을 어떻게 살았고 앞으로 한 달을 어떻게 살지 발표해야 했는데 어찌나 긴장되는지 횡설수설할 때가 많았다. 그에 비해 다른 분들은 논리정연하게 말을 잘해서 부럽고 신기했었다. 돌아가며 발표하는 자신의 인생 이야기에서도 막힘없이 자연스러운 태도를 보였다. 발성도 좋아서 비결이 궁금했다. 열 명 남짓한 인원이었지만 내 이야기를 발표할 때는 너무 긴장해서 쫓기듯 발표를 마쳤었다.

그랬던 내가 4개월 후, '1년 살기' 모임에서 '책 만들기' 경험 나누기 특강과 어학원에서 《머지않아 중국과 일하게 될 당신에게》라는 처음 출간했던 책을 주제로 특강을 했다. 떨리는 마음은 똑같았지만 한 시간 정도를 매끄럽게 진행할 수 있었다. 어학원에서는 다음 특강을 의뢰해줄 정도로 반응도 좋았다. 총 15명 정원으로 진행되어 한 시간 동안 한 명 한 명 눈으로 소통

할 수 있었다. 강의가 끝난 후 많은 질문과 대답이 오갔고, 같은 업계에 일하는 사람들을 새로이 알게 됐다. '책 만들기' 특강도 책 쓰기에 자신감을 얻었다고 후기를 많이 들려주서서 용기도 얻고 앞으로 더 열심히 해야겠다는 동기를 얻었다.

두 특강을 무사히 해낼 수 있었던 이유는 끝없는 연습이었다. '1년 살기' 모임에 참석한 사람은 누구나 돌아가며 발표를 해야 하는 구조로 되어 있다. 매월 첫 시간 '월별 목표 및 결과'를 말해야 한다. 때로는 '보물지도'와 같은 과제가 있어 누구나 PPT를 작성해 발표하는 시간이 있다. '자신의 인생 이야기'도 발표해야 했으니 거의 매월 빠짐없이 최소 5~30분은 발언 시간이 있는 셈이다. 횡설수설하는 나와 달리 다른 분들의 논리정연한 발언에 비결이 궁금해 발표 전후를 눈여겨봤다. 비결은 다름 아닌 준비와 꾸준함이었다.

사전에 정리하지 않고 무턱대고 월별 목표 및 결과를 말하는 나와 달리, 다른 분들은 발표하기 전 노트에 말할 내용을 차분히 적고 있었다. 노트를 직접 보지 못했지만 말할 내용에 순서를 매겨 정리하시는 것 같았다. 본인이 발언할 때는 미리 작성한 간단한 메모를 보며 정해둔 순서에 따라 말했기 때문에 논리정연하게 발표를 이끌어갈 수 있었던 거다. 나와는 달리 꾸준히 블로그 글을 작성하며 생각을 정리하는 습관도 영향이 있었을 것으로 보였다. 그 후로 발표하기 전 메모를 정리하고 말하니 한결 말하기 편해졌다.

나중에 읽게 된 《생각 정리 스피치》라는 책에서도 말할 내용을 마인드맵으로 정리하면 발언이 깔끔해진다는 내용이 나왔다. 다른 분들이 이 책을 읽었는지 모르겠지만 나보다 잘하는 사람을 관찰하는 것만으로도 도움이 되었다. 더불어 '1년 살기' 모임에 참석하는 것만으로도 꾸준히 말하는 연습이 됐다. 친구와 대화가 아니라 특정한 주제를 가지고 발표하면서 불안감을 극복할 수 있었다. 발표에 PPT를 사용했기 때문에 업무에서는 잘 쓰지 않던 PPT 활용에도 능숙해졌다.

발표하려니 관련 서적도 많이 읽어야 했다. 두 특강이 같은 달에 잡혀 다른 걱정을 할 여유가 없이 그 달을 보냈다. '1년 살기'에는 글쓰기를 평소 즐기는 예비 작가분들이 많은데, 같이 자가 출판을 배우는 입장에서 그분들에게 지식을 전달해야 했다. 매월 모임을 통해 영감을 주고 도움을 주시는 분들이라 허투루 발표 준비를 하고 싶지 않았다. 한 달 전부터 PPT를 만들고 책을 읽으며 자료를 고쳐 나갔다. 중국어 학원 특강도 마찬

가지였다. 대기업 임원도 아니요, 현지 사업가 출신도 아닌 일반 회사원이 쓴 책을 읽고 와주신 분들이었다. 앞으로 같은 업계에 일하게 될 후배도 있을 거라는 생각에 나름 사명감을 가지고 최근 정보를 수집해 나갔다. '1년 살기'를 시작한 이래로 월별 목표의 80~90%를 달성했을 정도였다. 만족할 정도는 아니라도 스스로 인정할 수 있을 만큼 연습을 하니 발표를 할 때도 얼굴이 벌겋게 달아오르지 않았다. 반복된 연습으로 긴장감이 어느 정도 극복되었나 보다.

발표 준비를 하며 참고했던 영상 중 '1년 살기'에서 스피치 특강을 해주신 이서연 선생님이 보여주신 영상이 있다. 평창올림픽 나승연 대변인은 영어 PT를 잘하는 비결은 '연습'이라고 했다. 마찬가지로 '연습'은 불타는 고구마를 용감한 엄마로 만들어줬다.

중국어 학원에서 특강을 마치고 돌아오는 길, 모임 단체 카카오톡 방에 잘 다녀왔다는 인사를 남겼다. 우리 모임 리더인 퀸스드림 님이 우리나라는 강의 사업이 발전할 것 같으니 책 쓰기를 계속하며 강의도 계속 도전해봤으면 좋겠다고 격려해주었다. 그 말을 듣고서 특강은 일회성이라고 생각했던 마음이 바뀌었다. 언젠가 맞이할 경력 전환 시기를 위해 강의도 차근차근 준비해보기로 했다. 연습하는 건 힘들었지만 현장에서 청강자와 소통하는 일은 짜릿함이 있었다. 무려 스무 분이 한 달 동안 책 모임에서《머지않아 중국과 일하게 될 당신에게》를 읽어주셨다는 소식은 특강을 하지 않았다면 몰랐을 일이었다. 유명한 김미경 강사도 제일 좋아하는 일은 말하는 것, 제일 싫어하는 일은 말하는 걸 준비하는 거라는데 나 같이 평범한 사람이 한 연습은 새 발의 피겠지만.

이렇게 마음을 먹은 순간, 특강을 진행했던 중국어 학원에서 다른 주제로 강의를 해달라고 연락이 왔다. 신기하게도 '1년 살기' 모임에 참석한 후, 어떤 일에 대해 시작을 두려워하거나 피하지 않겠다고 마음을 먹으면 어느새 좋은 기회가 다가와 그 일을 자연스럽게 시작하게 되었다. 첫 특강도 그렇게 하게 되었고 지금은 두 번째 특강을 준비 중이다. 마음의 준비가 되었을 때 기회를 놓치지 않고 잡게 되나 보다.

경력 전환의 순간이 언제 어떻게 찾아올지는 잘 모르겠다. 그리고 강사로서 경력을 전환할지 또 다른 직업을 가지게 될지는 미래의 몫이다. 한 가지 확실한 건 앞으로 '나만의 1년 살기'가

계속된다면 미래에 어떤 기회가 왔을 때 놓치지 않고 잡을 수 있을 거라는 거다. 불타는 고구마에서 용감한 엄마가 되었는데 뭔들 못하리.

발레리나 강수진 씨는 인터뷰에서 "저는 다시 과거로 돌아가고 싶지 않아요"라고 했다. 지독하게 노력해서 그날들이 아깝지 않다는 맥락으로 들렸다. 과거를 후회하지 않는 삶을 산다는 게 참 멋졌다. '1년 살기' 모임을 스쳐 가시는 분들이 하시는 말씀 중 하나가 "인생은 생각처럼 되지 않아요"다.

그분들의 말씀에 당시에는 어떤 말도 못 했는데 '1년 살기'를 어느 정도 지켜온 지금, 이렇게 말씀드리고 싶다.

"맞아요, 미래는 생각처럼 되지 않을 수 있어요. 그렇지만 월별 목표와 결과를 돌아보며 내 길을 찾아가면 최소한 후회는 없더라고요."

*

멀리 가려면 함께 가라는 그 진리

*

오랜만에 대학 시절 받아보았던 MBTI 검사와 스트롱 직업 흥미 검사지를 찾아보았다. 내가 원하는 방향으로 답안을 작성했는지 모르겠지만 결과지를 살펴보니 지금 결과와 비슷한 성향으로 살고 있었다. 특히 MBTI는 성격 유형 지표 검사인데 내 결과는 ESTJ로, 구체적이고 현실적이고 사실적이며 활동을 조직화하고 주도해나가는 지도력이 있다고 나와 있었다. 좋게 표현한 것이 그렇고 개인적으로 판단하건대 감성과 창의력은 찾아볼 수 없는 현대사회 조직에서 평범한 모범생 유형인 듯하다.

당시에도 지금도 흥미로웠던 건 외향 E(Extroversion) 수치와 내향 I(Introversion) 수치가 거의 비등비등하다는 점이다. E 수치는 I보다 단지 1점 더 높았을 뿐이다. 아마 취업 준비를 하고 있던 당시에 조금 더 외향적이길 바라서 답안을 그런 방향으로 선택하지 않았을까 싶다.

영업 직군에서 일하고 있지만 사람 만나는 일을 좋아하는 편은 아니다. 친구도 열 손가락에 꼽을 정도고 자주 만나지도 않는다. 한때는 친구들과 매일 일상을 공유하고 하루에 한두 시간씩 통화하는 사람을 부러워했었던 적도 있다. 그러나 나는 다른 사람에게 내 이야기를 한다는 것이 정말 부끄럽고, 남들이 내 일에 관심이 있을 것 같지도 않다. 새로운 사람을 만나게 되면 긴장을 하고, 다른 사람에 대한 기대도 없는 편이다. 그러다

보니 내 울타리 안에 있는 사람과 아닌 사람에 대한 구분도 명확했다.

그랬던 내가 '1년 살기' 모임에 꾸준히 참석하고 있는 것만으로도 신기하다. 그전에 몇 번 재테크를 위해 온라인 모임에 참여했지만, 인간관계의 확대로 이어지지는 않았다. 오히려 '1년 살기' 모임에 참여할 수 있도록 손길을 내밀어준 순간 님과 모임에 같이 참석하고 있는 라마 님은 특별한 경우다.

지금에 와서야 고백하건대 '1년 살기' 회원들을 좋아하지만 아직도 어렵고 조심스럽다. 쉬는 시간 화장실에서 마주치면 어떤 이야기를 해야 할지 고민하며 어색해한다. 그런데도 '1년 살기'를 꾸준히 참석하는 이유가 있다.

첫 번째는 재미가 있다. 다른 사람의 인생 이야기를 진솔하게 들을 수 있는 곳이다. 매달 각자의 인생극장을 들으며 울고 웃는 재미가 쏠쏠하다. 다들 평범하게 산다는데 막상 이야기를 듣다 보면 특별하지 않은 사연이 없고 구구절절 참 공감이 간다. 어쩌면 내게도 일어날 수 있는 일이라서 더 그런가 보다. 내가 미처 생각지 못했던 재미있는 기획을 해주시는 분도 많다. 먼저 일을 저지르지는 못해도 누가 하자고 하면 잘 따라가는 편인 나에게는 딱 좋다. 이 원고를 쓰게 된 일도, 바디프로필을 찍게 된 일도 힘들기보다 즐겁다. 그 외에도 다른 분들 월별 목표를 구경하다 재밌어 보이는 일이 있으면 그다음 달부터 나도 같이해본다. 다들 책을 좋아하니 먼저 읽어보고 좋은 책은 소개해주고 홀수 달에는 책 나눔을 해서 평소 읽어보지 않았던 책들도 접하고 있다. 《참 쉽다, 아이와 해외여행》을 전달받고는 미뤄두었던 아이와 나들이를 다녀왔고, 오랜만에 소설 《오, 자히르》를 읽으며 나만의 인생을 산다는 건 어떤 걸까 고민해보기도 했다. 모두 엄마들이라 육아 이야기도 빠질 수 없다. '1년 살기' 모임 회원 중에서는 내가 제일 어린 아이를 키우고 있는데 육아 선배들의 생생한 육아일기는 엄청나게 도움이 된다. 페이스북과 인스타를 아직 시작하지 않은 나에게 이런저런 이야기는 모두 즐겁다.

두 번째는 나 자신을 돌아보는 작업을 할 수 있어서이다. 다른 사람이 살아가는 이야기를 듣다 보면 덩달아 내 인생을 이루는 키워드는 무엇인지 생각해보게 된다. 부모님께 물려받은 유산에 대해서, 인생을 즐겁게 살아가는 방법에 대해서 나 혼자라면 생각 못 했을 주제다. 다른 분들의 이야기를 듣고 내 어린 시절과 현재, 미래에 대해서 고민을 해본다. 내 삶을 마주해보고서야 어떻게 살아가고 싶은지, 내 아이에게는 어떤 사람이 되고 싶은지, 어렴풋이 가이드라인을 잡게 되었다.

이 작업에 대한 심화과정으로 순간 님이 기획한 '나를 깨우는 순간'이라는 프로그램에 참여 중이다. 마침 이번 주에는 내 어린 시절에 대해 마주하면서, 그냥 덮고 지나갔던 부끄러웠던 순간, 아직도 생채기가 채 아물지 않은 사건들을 잘 다독이고 위로해주고 있다.

초등학교 때 브랜드에 대해 알지도 못하고 그런 옷을 입지 않았다는 이유로 원래 친하게 지내던 친구들에게 외면당했던 일, 처음 월경을 하던 때 바지에 묻은 걸 본 남자애들이 치질이냐고 놀려서 정말 난처했던 기억 등. 마음 깊숙이 숨겨 두었던 이야기를 꺼내고 보니 그때는 미처 생각지 못했던 감사한 기억도 있었다. 혼자 점심을 먹게 된 어색한 상황에서 선뜻 손 내밀어준 친구들, 삼 남매 키우느라 바빠서 학교 근처도 오지 않으셨던 엄마께서 이상한 낌새를 알아차리고 곧장 담임 선생님을 만나러 오신 일, 본인의 긴 티셔츠와 바꿔주며 바지에 묻은 혈흔을 가릴 수 있도록 도와준 친구 등, 난감하고 어려울 때 도움의 손길을 받아서 참 감사했다. 남들보다 돈을 벌고 싶은 마음이 큰 것도, 또 다른 사람의 어려움을 도우면서 살고 싶은 것도 어린 시절 있었던 일로부터 시작됐다는 걸 다시 한 번 이해하게 됐다. 앞으로 살아갈 방향도 나 자신을 조금 더 돌아보고 결정할 것 같다.

세 번째는 나에게 주는 강제성이다. 스스로 잘하면 좋지만 역시 강제성이 없으면 작심삼일이 되기 좋다. 그래서 '1년 살기' 모임 안의 사람들과 함께하며 해이해지지 않도록 강제성을 부여하고 있다. 우리 모임은 회비가 있지만 모임 리더에게 따로 돌아가는 비용은 없다. 그렇다고 리더가 하는 일이 없는 것도 아니다. 장소 대여와 아침 샌드위치 준비, 회원 모집, 여러 프로젝트 운영 등 쉬워 보여도 나누고자 하는 마음이 없으면 기꺼운 마음으로 하기 힘든 것들이다. 리더가 바라는 건 모임에 참석한 사람들이 잘돼서 이 나눔이 커지는 것인 걸 알기에 월별 목표, 결과를 온라인 카페에 올리는 일이라도 부지런히 하게 된다. 프로젝트는 다 같이 하는 일이라서 다른 사람에게 폐를 끼칠까 봐 열심히 하게 된다.
한편으로는 다른 사람은 열심히 하는데 나만 뒤처질 수 없다는 생각 때문에 하기도 한다. 우리 모임에는 아침 5시에 기상하는

'미라클 모닝'을 실천하시는 분들이 많다. 처음 그 이야기를 들었을 때는 아침 일찍 못 일어나면 저녁에 하고 말지, 대단하다고 생각하고 넘겼다. 그런데 아이가 점점 늦게 자고 일찍 일어나면서 아침 5시에 기상하지 않고는 모임에서 진행하는 프로젝트 참여가 어려워졌다. 덕분에 아침 5시 기상이 잘 지켜지고 있다. 의도하지 않게 미라클 모닝을 실천하게 됐지만, 하루한 시간 나에게 충실할 수 있는 시간이 감사하다. 문득, '1년 살기' 모임에는 뭔가 일을 하라고 등 떠미는 보이지 않는 손의 존재가 있는 게 아닌가, 하는 실없는 생각을 해본다.

마지막으로, 무엇보다 함께해서 힘이 난다. 내가 좋아하는 일을 하더라도 지치고 중간에 손 놓고 싶을 때가 있다. 그럴 때마다 모임에서 주는 영감, 멤버들의 다독거림은 큰 도움이다. 마치 내 마음을 알아채기라도 한 것처럼 포기하고 싶을 때는 다시 힘을 낼 수 있는 유튜브 강연 주소가, 가족 문제로 골머리를 썩이고 있을 때는 가족의 소중함을 일깨워주는 영상 주소가 단체 채팅 창에 등장한다. 지쳐서 하소연할 때면 그럴 때가 있다는 맞장구에 힘이 난다. 서로의 성취에는 진심으로 박수를 보내준다. 리더인 퀸스드림 님이 EBS에서 강연했을 때는 본방을 사수해주고, 내가 특강을 나간다고 했을 때는 응원의 글들을 보내줬다. 회원 모두 얼굴에서 진심으로 기뻐하는 기색이 가득하고, 나 또한 회원들에게 기쁜 일이 생기면 진심으로 시기심 없이 축하를 보낸다.

이런 좋은 사람들을 만날 수 있게 돼서 항상 감사한 마음이다. '1년 살기'를 시작하고는 일상에서 사소한 일에도 항상 감사하게 되었다.

지금도 나는 여전히 눈 밑이 퀭한 워킹맘이다. 바쁜 아침에는 공원 산책 후 어린이집에 가겠다는 아이와 씨름하고, 저녁에는 설거지하지 말고 놀아달라는 20개월 아이에게 너도 장난감 냄비를 씻으라며 수세미를 건네주는 엄마다. 어떤 날은 미뤄진 메일에도 회신을 해야 하고, 개인적으로 하고 싶은 일을 마무리하고 싶은데 아이가 잠들지 않고 장난만 쳐 결국 울컥 짜증을 부리기도 한다. 수없이 지치고, 심지어 마스크팩 한 번 올려보지도 못하고 잠드는 날이 허다하다. 오죽하면 월별 목표에 매번 작성하지만 달성하지 못하는 항목 중 하나가 '일주일에 두 번 팩하기'일 정도다. 이렇게 정신없이 사는 평범한 워킹맘들과 매한가지지만 그래도 매월 나를 돌아보며 삶의 이정표를 잃지 않고 있다. 더디겠지만 언젠가 온전히 내가 원하는 삶을 살게 되리라 다독이며.

누군가 '일하는 엄마'란 이름 아래 나를 잃어가는 사람이 있다면 '1년 살기'에 도전해보시라 추천하고 싶다. 여전히 피곤한 삶에 큰 변화가 있는 건 아니지만 마음의 안정을 찾는데 좋은 처방이 되어줄 것이다. 함께 나아갈 수 있는 사람들을 만난다면 금상첨화다.
이 글을 읽는 누구든 내가 진정 좋아하는 일을 찾아 함께하시기를 열렬히 응원한다.

▶ 남편이 그려준 모자의 모습

넘어져도 다시 일어날 수 있는
힘이 생겼습니다

"살다보면 넘어질 수도 있어."

비가 오는 여행지에서 좋다고 폴짝폴짝 뛰다가 넘어진 아이에게 나도 모르게 내뱉은 말이다. 어쩌면 나한테 하고 싶은 말이었나 보다.

'1년 살기'를 하면서 세운 목표 중 하나, 가족과 함께 여행가기. 아이에게는 태어나서 처음으로, 내게는 3년만의 여행이었다. 지금까지 회사에 휴가를 낸다는 게 참 어려웠다. 10년 근속 기간 동안 장기 휴가라고는 결혼 전 엄마와 여행, 신혼여행뿐이었다. 지금도 언제 아이가 아플지 모르니 선뜻 휴가 내기가 어렵다. 목표를 세웠으니 가긴 해야겠는데 실천이 잘 안 됐다. 그러던 중 '1년 살기'에서 주는 용기, 남편 회사의 리조트 회원권, 마침 읽은《퇴직 없는 인생 기획》에서 본 "은퇴 후 할 일을 지금 하라"는 문장, 이 삼박자가 맞아 떨어져 3일 여행을 다녀오게 됐다.

오랜만에 오는 설렘과 아이의 안전에 대한 긴장감으로 떠난 여행길. 그런데 웬 걸 여행지에 도착하자마자 비가 내렸다. 비바람이 몰아치는 바닷길, 이유 모를 아이의 지속된 칭얼거림에 기분이 착 가라앉았다. 설상가상 2주째 아랫배가 아프더니 화장실에 갈 때마다 조금씩 피가 보였다. 그럴 가능성은 정말 적었지만 혹시나 둘째 소식일까 이런저런 생각이 다 들었다. 결국 원인불명의 출혈로 마무리됐지만 이때만 해도 상상의 나래를 펼치며 앞날에 대해 걱정까지 했다. 그러던 중 아이에게 무심히 "살다보면 넘어질 수도 있어"라는 말을 내뱉고 내가 놀라 곱씹어 보았다.

어떻게 이런 말을 자연스럽게 내뱉었을까? 곰곰이 생각해보니 '1년 살기'를 통해 나를 오롯이 바라보는 연습이 되었던 모양이다. '1년 살기'에 참여하고 있는 우리는 서로 다른 목표를 가지고 쉬기도, 걷기도, 뛰기도 하지만 그 본질은 같다. 모두 나를 열심히 들여다보는 중이다.

'1년 살기' 월초 모임에서는 기본적으로 나에 대한 이야기를 풀어내야 한다. 상반기 한 번, 하반기 한 번, 총 두 번의 발표는 이 모임에 참가하는 모두의 의무다. 처음에는 다들 '내 이야기는 별로 할 게 없는데?'라고 머뭇거린다. 그러다 어린 시절부터 지금까지 정리하고 발표하면서 크든 작든 마음의 상처를 발견한다. 발표를 하는 사람도 듣는 사람도 눈물을 글썽이는 일이 많다. 왜? 남일 같지 않으니까. 평범한 우리가 늘 겪을 수 있는 일이기 때문이다. 특히 두 번째 발표에서는 다른 사람의 이야기를 통해 내 마음이 치유된 느낌을 받는다. 각자의 방식이다르지만 상처를 똑바로 보고, 앞으로 조금씩 나아가는 이야기가 감동을 준다. 오히려 가족은 너무 가까워서 말하지 못하는 일도 이 자리에서는 자유롭게 말하게 된다. 나와 동일시되는다른 사람의 상처가 치유된 과정을 보면서 나도 따라해보고 응원도 해본다.

이 과정에서 우리는 수많은 방해를 받기도 했다. 내 편이 아닌 남편을 설득해야 했고, 독감과 같은 유행병이 돌 때마다 극한육아에 떠밀렸다. 회사 일 때문에 엎어지기도 하고, 생각지 못한 이벤트 때문에 멈춰서기도 했다. 그럴 때마다 '1년 살기'

벗들이 포기하지 않는 힘을 주었다. 단체 채팅방에서 같이 고민해보고, 서로의 인맥을 총동원해보기도 했다. ‘1년 살기’라는 명확한 목표가 있어서 월별 목표는 달성 못해도 그다음 달에 또 다시 도전할 수 있었다. 나(조민정)의 경우, 아이가 감기 때문인지 엄마한테서 떨어질 생각을 안 해 20개월 아이를 안고 수원에서 강남역까지 가 ‘1년 살기’ 모임에 참석하기도 했다. 여섯 살 아이를 데리고 모임에 참석한 분도 있었지만 말도 못하는 아이를 데리고 온 사람은 내가 최초였다. 아이가 칭얼대서 문 밖을 나섰다 들어왔다 하길 여러 번, 참석자분들께 얼마나 죄송했는지 모른다. 그럼에도 불구하고 모두 이해해주시고 오히려 참석을 독려해주셔서 정말 감사했다. 정신없는 오전이었지만 세 시간이나마 나를 충전할 수 있는 시간이 되었다.

어쩌면 아픈 아이를 데리고 서울에 갔다고 독한 엄마라 욕하는 분이 계실지도 모르겠다. 그렇지만 정말 심각한 상황이 아닌 이상 어떤 일이든 포기하고 싶지 않다. 우리는 ‘1년 살기’를 통해 지속적으로 포기하지 않는 힘을 길렀고, 지금도 기르고 있다. 뮤지컬 배우 홍지민 씨도 다이어트 성공 비결을 “오늘 딱 하루만!” 이라고 하더라. “오늘 딱 하루만 먹고 살 빼자”가 아니라 "오늘 딱 하루만 건강하게 먹자"를 지켰다고 한다.

우리도 '1년 살기'를 통해 오늘 하루만 더 해보자며 힘을 내고 있다.

우리는 나를 바로 보고 포기하지 않으며 나를 나 자체로 사랑하는 중이다. 내가 생각하는 '1년 살기'의 핵심이다. 다른 사람도 동의하리라 믿는다. 각자의 방식대로, 각자의 속도대로 가면 된다. 이 마음가짐으로 1년 더 살아볼 예정인 우리는 각자의 1년 살기와 더불어 북콘서트, 새로운 주제의 책 쓰기, 경력 전환을 위한 사업 연구 등을 진행 중이다.

이 책이 여러분의 손에 잡힐 때 즈음 또 다른 소식으로 독자를 만날 수 있을 것 같다. 이 책을 읽어주신 분도 우리에게 평범하지만 비범해진 이야기를 들려주기를 손꼽아 기다려본다.

마지막으로, 지면을 빌어 리더인 퀸스드림 님을 비롯하여 '1년 살기' 모든 회원 그리고 지지를 보내준 그 가족들에게 감사하다는 말을 전하고 싶다.

또한 우리 여덟 명의 이야기에 관심을 보여준 독자에게 진심으로 감사한 마음이다. 프롤로그에서 말했듯 에필로그에서 다시

한 번! 당신이 변화와 성장을 꿈꾼다면 꼭 '내 인생에 다시없을 1년 살기'를 해보길 권한다. 시작이 어려우면 '기록의 힘'과 '나를 알아가는 힘'을 위해 '1년 살기' 프로젝트팀이 집필한 《1YEAR DIARY》가 여러분에게 힘이 될 것이다. 혼자가 힘들면 같이 노 저을 사공을 찾으면 된다. 요즘엔 사공이 많아야 빨리 간다더라.

다시 한 번 당신의 '1년 살기'를 응원하며….

2019년 8월
'1년 살기' 일동 드림

"우리는 언제든 넘어질 수 있다.
그리고 당연히 다시 일어날 수 있다."

부록

내 인생에 다시없을 1년을
만들기 위한 이벤트

♠ 내 인생에 다시없을 1년을 만들기 위한 이벤트 1.

나에게 **질문**하기

오로지 나를 위한 시간을 확보한다. 집 안도 좋고 기왕이면 나 혼자 차 한 잔 할 수 있는 야외로 나가보자. 학창시절에 한 번쯤 다 해보았던 자아 찾기는 지금도 필요하다.

[질문1]

내 인생의 Why는 무엇입니까?
당신이 삶을 살아갈 수 있는 원천을 찾아보세요.

※ 참고 도서 : 빅터 프랭클, 《죽음의 수용소에서》

_____

_____

_____

_____

_____

_____

_____

♠ 김여나 (퀸스드림)

내 인생의 Why는 딸이다. 임신했을 때 아이는 매번 엄마를 가슴 졸이게 했다. 다운증후군 확률도 높게 나왔고, 무슨 검사를 할 때마다 좋은 이야기를 듣지 못했다. 처음으로 엄마의 마음이 되어서 눈물로 기도를 했다. '내 아이만 건강하게 태어나게 해 주신다면 내 나머지 인생은 타인을 위해 살겠습니다' 라고…. 하나님은 나와의 약속을 지켜주셨고, 이제는 내가 그 약속을 지킬 차례다. 아이가 건강하게 자라면서 늘 나의 마음속에는 그 생각이 있었고, 그래서 1년 살기라는 모임도 만들게 된 것이다.

누군가에게 영감을 주고, 동기부여를 해주고, 함께 으쌰으쌰 하면서 나아갈 수 있는 모임. 내가 리더이기 때문에 앞에 나서서 사람들을 지휘하는 것이 아니라, 누구 하나 빠지지 않고 함께하는 모든 사람들이 빛날 수 있도록 내가 뒤에서 서포트를 하는 것이다. 이렇게 다소 장황할지는 모르겠지만, 나는 내 인생의 Why를 찾았고, 그 소명을 가지고 살아가고 있다.

♠ 이지영 (복선생)

나의 어린 시절을 생각해보면, 부모님이 큰소리로 싸우시거나, 내가 불행하다고 생각했던 적이 없는 것 같다. 부모님께서 얼마나 우리 삼 남매를 귀하게 사랑으로 키워주셨는지 알 수 있다. 현재를 지탱해주는 참 행복한 추억들을 많이 쌓아주셔서 정말 감사하다. 지금까지도 손주를 키워주시면서 희생하신다. 이 세상에는 누군가의 희생 없이 절로 이루어지는 건 하나도 없는 것 같다. 계속 딸의 커리어를 응원하시며 집에 와서 집안일도 최대한 못하게 하셨다.

부모님의 그 크신 사랑과 은혜를 갚는 방법은 우리가 하루하루를 소중히 행복하게 사는 것이라고 생각한다. 그 크신 사랑을 이웃에게 흘려보내야 하겠다. 힐링이 되고 위로가 되는 내 정신적 버팀목인 부모님. 나의 인생 목표는 나의 부모님이 그랬듯, 꽉 찬 사랑, 무조건적 지지를 해주는 따스한 햇살 같은 엄마가 되는 것이다. 나의 엄마를 닮은 엄마가 되는 것, 그것이 내 삶의 Why이다.

♠ 김지혜 (연꽃 만난 바람처럼)

특별히 무언가를 구체적으로 원했던 적은 없었지만 결국 작은 사건 사고들이 모여 내 인생의 점을 이루었다. 그 과정에서 직업도 얻었고 사랑하는 사람도 만나 가정을 이루고 보물 같은 아이들을 얻었다. 아이러니하게도 앞으로도 '이러이러한 사람이 되고 싶어'라는 구체적인 계획은 없지만 한편으로는 확신한다. 누군가의 엄마 아내로만 안주하지 않을 것을. 그리고 조금은 다른 길에 들어선다 하더라도 이제는 주변을 천천히 돌아보며 여유 있게 가보려 한다.

♠ 오현정 (바이헬렌)

내가 생각하는 삶에서의 바른 모습은 말과 행동이 일치하는, 변함없이 꾸준함을 보여주는 것이다. 하지만 생각대로 살아지는 것이 아니라서 그러한 기준을 가지고 산다는 게 여간 힘든 일이 아닌 것 같다. 그래도 이왕 사는 거 나 혼자 만이 아니라 나의 가족들, 친구들 더 나아가 사회의 모든 이들이 서로에게 선한 영향력을 끼치며 살아간다면 지금보다 나은 세상이 되지 않을까 싶다. 남의 편 같은 남편에게 당신의 편이 되어주고, 아이와 같이 성장하는 엄마, 내 엄마에게는 세상 둘도 없는 친구가 되어주는 것, 그리고 주변의 지인들과 함께 마음 나눌 수 있는 그런 사람이 되고 싶고, 그런 인생을 살고 싶다.

♠ 이주영 (순간)

대의를 가진 것은 아니다. 지극히 개인적인 희망에서 Why를 찾았다. 내 아이가 사는 세상이 지금보다 좋은 세상이었으면 좋겠고 그 길을 내가 조금씩 만들어가고 싶다. 아이가 살아갈 세상에 좋은 사람들과 어울려 살 수 있기를 바라고 그래서 같은 시대에 사는 모든 아이들이 행복하게 자라길 바란다. 또 부모가 행복하게 사는 모습을 보여주길 바란다. 원하는 삶을 살 수 있다는 걸 몸소 보여주고 싶고, 내가 사는 모습이 모범이 되길 바라고, 다른 사람들도 그런 마음으로 살아갈 수 있도록 가까운 곳부터 영향을 주고 싶다.

♠ 유해주 (라마)

쉬운 게 없었던 삶이었고, 이리저리 방황을 많이 했던 경험은 힘들었지만 나를 단단하고 사람들 앞에 설 수 있게 만들어주었다. 불안정한 미래로 인해 방황중인 사람들을 위로하고 판매직들의 권익과 자존감 향상, 커리어 발전을 위해 힘쓰는 리더가 되고 싶다. 하여 궁극적으로는 올바른 일에 사명감을 가지고 열심히 살아가는 모습을 내 아이에게 보여주고 부모로서 부끄럽지 않은 삶을 살고 싶다.

♠ 양혜영 (하이영)

자녀가 생기면서 인생을 살아갈 이유도 변한 것 같다. 자녀에게 좋은 부모가 되는 것, 세상을 어떻게 살아가야 하는지 배울 수 있는 멘토이자 든든한 버팀목이 되는 것이 삶을 더 바르게 살아가야 할 이유가 된 것 같다. 아이들 앞에서는 화가 나도 일단 참게 된다. 기분 나쁘다고 화를 내는 것을 아이들이 배울까 봐 걱정되기 때문이다. 나만을 위한 쇼핑을 줄이고 가족을 위해 지갑을 열게 된다. 지금 내가 아끼면 미래의 내 아이들이 하고 싶은 것들을 더 잘 지원해줄 수 있기 때문이다. 이렇게 작은 것에서부터 삶은 달라진다. 어렵고 힘들지만 부모로서의 삶에 적응하며 더 나은 부모가 되는 길을 찾는 것이 좋은 어른이 되는 길이라고 믿는다.

♠ 조민정 (하얀눈썹)

질문이 너무 어렵다. 지금까지 왜 살아야 하는지에 대해 생각해본 적이 없었다. 어렸을 때는 착한 딸로서 사는데 최선을 다했고, 결혼해서는 좋은 아내, 엄마가 되는 일에 최선을 다하는 중이다. 그런데 그 역할을 위해서만 산다고 생각하면 아쉬운 마음이 든다. 한 번쯤 나다운 게 무엇인지, 오로지 나만 생각했을 때 뛰어들고 싶은 일을 해보고 싶다. 내 인생의 Why는 나를 찾아가는 과정이 아닐까 싶다.

【질문2】

어떤 말을 들었을 때
주체 없이 가슴이 설렙니까?

♠ 김여나 (퀸스드림)

6월 모임 때 성신제 님을 모시게 되었는데, 그분은 70이 넘으신 연세에도 '새로운'이라는 단어를 들으면 가슴이 뛴다고 한다. 여러 번의 암수술에도 불구하고, 9전 10기의 사업 실패에도 불구하고, 그를 일어나게 한 건 '새로운 사업'이었다.

나 또한 성신제 님과 매우 비슷하다. 나는 '도전'이라는 말을 들었을 때 호기심이 샘솟는다. 도전이라는 것은 내가 할 수 있는 일이 아니라, 새롭게 시작하는 일, 뭔가 할 수 없는 일을 시작할 때 도전이라는 말을 쓴다. 새롭게 뭔가를 시작한다는 것에 나는 늘 가슴이 설렌다.

그리고 한 가지 더! 누군가로부터 "할 수 없다"라는 말을 들었을 때 나의 오기가 발동한다. "그럼 내가 한번 해볼게!"라는 이상한 도전정신이 생긴다. "왜 안 된다는 생각부터 하는 거야!"라며 어떻게 하면 할 수 있을까를 고민하게 된다. 나의 이런 청개구리 같은 심성이 있기 때문에 지금까지 내가 버티며 잘 살고 있는 게 아닐까…. 비 오는 날 물가에서 우는 개구리처럼 후회할지 모르겠지만, 그래도 아직은 청개구리처럼 가슴 설레면서 살고 싶다.

♠ 이지영 (복선생)

나쁜 남자 스타일, 남편에게 아주 드물게 '예쁘다'는 소리 들었을 때. (아직 여자이고 싶나 보다)

♠ 김지혜 (연꽃 만난 바람처럼)

나는 육아도 살림도 요리도 재테크도 심지어 컴퓨터를 능숙하게 다루지도 못한다. 남들이 보기에는 특이하고 많은 경험을 했지만 그 경험의 바운더리가 상당히 편협한 편이다. 아니나 다를까, 결혼하고 나서 아내로서 두 아이의 어머니로 또 가정의 재무장관으로서는 정말 30점도 감지덕지하다고 생각한다. 무엇인가를 새롭게 하고 싶다가도 '아직 가정도 잘 못 돌보는데…' 하는 생각은 나를 한없이 주눅 들고 작아지게만 한다. 따라서 나는 딸리는 체력에도 불구하고 책 한 권이라도 더 읽어준 육아를 끝낸 밤, 하다못해 설거지를 미루지 않고 끝내고 다음날 아이들의 옷과 가방 준비를 다 마친 날이면 그렇게 뿌듯할 수가 없다. 프로 주부는 이해 못하겠지만 지금의 나는 그런 사소한 일 하나하나에도 가슴이 설레고 있다. 사회적 인간으로서의 가슴 설렘은 이제부터 천천히 계획해보려 한다.

♠ 오현정 (바이헬렌)

'멋지다!' 꽤 오랫동안 멋진 것을 찾아서 헤매었다. 개인적으로나 직업적으로나 스스로가 멋진 모습이고자 공을 들였고 멋져 보이는 것을 쫓아 다녔다. 하지만 나이가 먹고 보니 멋지다는 것에 대한 기준이 달라진다. 외모뿐만 아니라 내면이 멋있다는 것. 일부러 드러내지 않아도 자연스럽게 흐르는 멋들어짐은 정말 돈 주고도 살 수 없다는 것을 알았고, 노력 또한 많이 들여야 한다는 것도 알았다. 인생의 중반부에 접어드는 지금, 나의 관심사는 어떻게 하면 멋지게 나이 먹을까? 하는 것이다. 멋지게 늙어가는 것. 벌써부터 미치도록 가슴이 뛴다.

♠ 이주영 (순간)

새로운 것을 누군가가 내놓을 때 가슴이 뛴다. 셀러들이 몇 달 전부터 준비했던 제품을 예고할 때는 기대감을 가지고, 공개하는 날 감탄을 한다. 나도 나만의 느낌을 담은 콘텐츠를 지속적으로 생산하고 싶다. 누구나 크리에이터가 될 수 있을까? 내가 만든 새로운 영역에서 인정받는다면? 하는 상상을 한다.

♠ 유해주 (라마)

인정에 대한 욕구가 많은지, 잘하고 있다는 말을 들으면 설렌다. 또

한 비슷한 생각을 가진 사람들과 모여 새로운 것에 대한 말들을 주고 받을 때 설렌다!

♠ 양혜영 (하이영)

'크리에이티브' 라는 단어를 들었을 때 가슴이 설렌다. '크리에이티 브' 라는 단어는 광고를 전공한 학부 시절 끊임없이 요구되던 자질 같은 것이었다. 창의적인 결과물을 내는 것이 중요했는데 항상 어려 웠다. 하지만 뒤돌아 생각해보니 크리에이티브한 것은 반드시 개성 있는 무언가를 내놓는 것 말고도 생각하는 방식, 삶을 대하는 태도에 서도 적용할 수 있는 것 같다. 수많은 고정관념이 존재하는 현실에서 조금만 더 나답게 생각하는 자세, 그것을 오롯이 잘 지켜내는 것으로 도 크리에이티브해질 수 있지 않나 생각해본다.

♠ 조민정 (하얀눈썹)

아기자기한 문구를 챙겨서 새로운 것을 배울 때 기쁘다. 학습에 대한 욕구가 남들보다 큰 편인 것 같다. 비단 공부 뿐 아니라 새로운 정보 나 경험을 습득해서 남들과 나누는 일이 즐겁다.

나는 다른 사람과
무엇이 다릅니까?

♠ 김여나 (퀸스드림)

내가 그래도 다른 사람과 차별화를 두려고 하는 것은 꾸준함과 진실성이다.

나는 어릴 때부터 잘하는 게 딱히 없었다. 그림도 공부도 운동도 정말 뭐든지 중간정도 가는 그런 사람이었다. 그런데 그때도 이런 내 모습이 싫었나 보다. 진지하게 고민하고 내린 결론은 '꾸준함'이었다. 나는 다른 아이들처럼 한 번 듣고 이해하는 학생이 아니었기에 몇 번을 들어야 했다. 안 된다고 바로 포기하지 않고 그냥 미련하게 꾸준하게 했다. 그때의 습관들이 아직도 이어지고 있다. 뭔가를 시작하면 잘 포기하지 않는다. 끝까지 한다는 생각을 가지고 시작한다. 그래서 결론을 본 것들이 많다. 만약 내가 나 자신도 모른 채 단발에 어떤 결과를 얻으려고 했다면 아무것도 되지 않았을 것 같다. 내 실력이 좋지 않았기 때문에 계속 할 수밖에 없었고, 그렇게 포기하지 않으니 어떤 결과든 나왔다. 그리고 그 결과가 그리 나쁘지 않았기 때문에 이제는 습관처럼 하고 있는지도 모르겠다.

두 번째는 진실성이다. 우선 내가 거짓말을 싫어한다. 하는 것도 싫어하고, 듣는 것은 더더욱 싫어한다. 나 또한 진실하게 살아가려고 한다. 이 문제를 두고 장로님과 이야기한 적이 있다. 과연 말기 암 환자에게 솔직하게 삶이 얼마 남지 않았음을 말하는 것이 좋은지, 아니면 선의의 거짓말이라도 해서 그 사람에게 희망을 주는 것이 맞는지에 대해서였다. 장로님은 실제 경험담을 말씀해주셨는데, 말기 암 환자에게 솔직하게 이야기해서 스스로 죽음을 준비하는 시간을 주는 게 좋다고 하셨다. 아무런 준비 없이 갑작스럽게 죽음을 맞이하는 것보다, 자신의 주변 정리를 다 하고 마음 정리까지 하는 것이 오히려 낫다는 것이다. 그 말에 동의한다. 코람데오_ 하나님 앞에 부끄럽지 않은 삶을 살 수 있기를… 희망한다.

♠ 이지영 (복선생)

힘듦, 우울함의 역치가 남들보다 높은 것 같다. 슬퍼도 훌훌 털어버리는 회복탄력성이 발달된 편인 듯하다. 비판을 받을 때에도 쓰레기는 가지고 있지 않고 버리면 되지, 하며 잘 털어내고 신경 안 쓰는 편이다. 남들은 혀를 내두르는 나의 현 상황 (장녀, 장손 며느리, 만 7세 미만 아이 셋, 주말 부부, 워킹맘, 6학년 담임 등), 내 시간이 조금도 없는 엄마로만 꽉찬 현실은 한숨이 푹 나온다. 긍정 파워로 으쌰하고 아침 큐티로 꽉 다잡고 내 보물 셋을 생각하며 파이팅! 하고 있다. 실패할 때에도 백 세 인생, 이거 하나 못 하면 뭐 어때? 하고 넘겨버린다. 살이 쪄도 대신 피부가 탱탱해져서 좋다. '아이가 셋이라 힘들다!' 라고 생각을 하면 현실은 더 고되어지니, 일타 쓰리피라고 생각한다. 책 한 번 읽어줘도 세 아이가 들을 수 있고, 옷을 한 벌 사도 세 녀석이 입을 테니 비용이 아깝지 않다. 고비용, 고효율이네 하며 즐거워한다. 보고만 있어도 배부른 우리 세 보석. 어떤 상황에서든, 그럼에도 불구하고, 씩씩한 기질이 내 특성인 듯하다.

♠ 김지혜 (연꽃 만난 바람처럼)

어머니께서 그러셨다. "너는 네가 좋은 딸이라고 생각하지? 근데 남 안 하는 것만 골라서 한다고 하니까 부모로서는 너무 가슴 졸일 일이 많았단다."

나는 그 당시에 초등학교에서 전교에 한 명 있던 발레를 배우는 아이였고, 다리를 다치고 나서는 미스코리아 대회에 나갔고, 그 대회를 통해 아나운서라는 꿈을 키웠고, 실제로 아나운서가 되었다. 그리고 2007년 대통령 선거에 나오셨던 존경하는 분의 대변인으로, 또 야당의 작은 정당의 부대변인으로, 국회에서의 2년 반의 정치경험도 가지고 있다. 쉽지 않은 길이었지만 도전했고, 서로 교차점이 없어 보이는 그 길에 서 보았고 견뎌내 보았다. 조금은 특이한 경험들, 조금은 차별화된 경험이 다른 사람들과 다를 수 있겠지만 이 모든 것들은 내가 뿌리가 튼튼한 사람이 되어가는 데 좋은 자양분이 될 거라 믿는다.

♠ 오현정 (바이헬렌)

예리함이라는 무기. 직업특성상 억지로라도 키워야 했던 센스와 눈썰미. 하지만 시간이 지나보니 그런 것들도 내가 가진 기질이 없었다면 쉽지 않았을 것 같다. 이 예리함은 언제나 내가 하고자 하는 일에 중심 역할을 해왔고 그 직관으로 선택된 것들은 웬만해서는 틀리지 않았다. 단지 예민함과 혼동되지 않게 매사 스스로를 단련시켜야 한다는 생각이 든다.

♠ 이주영 (순간)

최근, 사람의 성장은 내 안에 꺼내 놓지 못한 다양한 면을 조금씩 꺼내고 있는 과정이 아닐까, 라는 생각을 했다. 그 중 어떤 모양이 나를 나타낼 수 있을까? 어릴 때는 내성적이라는 말을 수없이 듣고 자랐고 새 학년 올라가는 것이 두려운 아이였는데, 사회라는 곳에 발을 디딘 순간 적응력이 필요했고, 그렇게 만들어진 생존을 위한 적응력이 새로운 것에 대한 두려움보다 설렘까지 갖게 하는 것 같다. 하면 되겠지, 그냥 하자, 그런 마음으로 부딪치며 산다. 그리고 내가 가진 밝은 에너지, 내 앞에 있는 사람에게 좋은 기운을 줄 수 있는 에너지가 점점 채워지고 있는 것 같다. 아직 새롭게 꺼내야 할 나의 면모가 많이 남아 있다. 나는 다른 사람과 완벽하게 똑같은 게 하나도 없다. 앞으로 내가 할 경험도 남과는 다를 것이다. 같은 일을 해도 다른 생각을 가지면 다름이 되는 것 같다. 지금 내 자체가 그냥 남과 다르다.

♠ 유해주 (라마)

생각이 많다는 점! 생각이 많아 고민도 걱정도 있지만 덕분에 '나'라는 사람에 대해 생각하는 시간도 많았다. 내가 어떤 사람인지 알고 살아가는 것과 모르고 살아가는 것에는 차이가 있다고 생각 한다. 그 점에 있어서 나는 앞으로의 인생이 더욱 기대가 된다.

♠ 양혜영 (하이영)

나는 다른 사람 입장에서 생각하고 배려하는 공감능력이 높은 편이다. 어떨 때는 너무 상대방 입장을 고려하느라 내가 손해를 보기도 하고, 상대방을 오히려 불편하게 만들 때도 있다. 그럼에도 공감능력이 높으면 사람들과 원만한 관계를 유지하는데 도움이 된다.

♠ 조민정 (하얀눈썹)

어떤 일을 할 때 결과에 대한 기대치가 낮은 편이다. 이번에 좋은 결과를 얻지 못해도 언젠가는 이 과정이 점점이 모여 어떤 결과를 가지고 오리라 믿는다. 덕분에 남들보다 많은 시도를 하는데 거침이 없다.

나에게 일이란 무엇입니까?

※ 참고 도서 : 이나모리 가즈오, 《왜 일하는가》

※ 1년 살기 멤버들의 예시입니다.

♠ 김여나 (퀸스드림)

교세라의 이나모리 가즈오 회장이 쓴 《왜 일하는가》라는 책에 보면 "일이란 나 자신을 완성해갈 수 있는 가장 강력한 수련의 도구다. 그 일을 통해서 꾸준히 반복적으로 한 단계, 더 높은 단계로 나를 수련해 나가야 한다"라는 말이 있다. 나에게 일이란 나를 완성해가는 도구다. 일을 통해 버는 돈이 주는 행복은 3~4번째 이유가 된다. 그릇을 만들더라도 그 이유를 생각하며 만드는데, 하물며 사람을 만들 때 그냥 아무 이유 없이 만들지는 않았을 거라 생각된다. 내가 어떤 가치를 가지고 어떻게 삶을 살아나갈 것인지 일을 통해서 증명되는 것이다. 일은 나에게 그런 존재다.

♠ 이지영 (복선생)

말하기 시작할 때부터 연년생 동생과 인형들을 앉혀서 가르치길 좋아했고, 그렇게 쭉 유치원 때부터 대학생 때까지 나의 꿈은 한번도 바뀐 적 없이 항상 '교사'였다. 그래서 나에게 일이란 평생 꿈꾸던 내 꿈, 현실이 된 꿈, 내 자아실현의 무대, 내 이름 석 자가 살아 있는 순간, 교실 안 리더가 되어 오롯이 내 영향력이 발휘되는 공간, 이 모든 것이다.

♠ 김지혜 (연꽃 만난 바람처럼)

결혼 9년차, 두 아이의 엄마가 되었고 큰 아이는 올해 학교에 들어갔다. 초등학교가 먼 곳에 있다 보니 아침마다 셔틀버스를 태우느라 전쟁 중인데 어느 날 요 녀석이 등굣길에 나를 돌아보더니 얘기한다.

"엄마는 좋겠다. 집에 있어서 놀 수 있잖아."

"…?"

오랜만에 연락이 닿은 지인이 묻는다.

"요새는 어디서 일하니?"

"나, 그냥 애들 둘 키우는데…."

"네가? 다른 사람은 다 그만둬도 너는 일하고 있을 줄 알았는데 충격이다."

이런 소리들을 들으니 뭔가를 시작해야 할 것 같다는 생각도 잠시 들었다. 하지만 한꺼번에 많은 일을 하고 싶지는 않다. 나같이 부족한 엄마, 부족한 아내는 회사와 가정을 둘 다 잘 해낼 수도 없다는 것을 잘 알고 있다. 하지만 서서히 고무장갑 대신 볼펜과 종이를 쥐고 다시 한 번 멋지게 행사를 진행하고 내레이션을 하고 강의를 하고 책을 더 써보고 싶다. 공부도 더 하고 싶고. 그래야만 내가 다시 내 인생의 완급을 조절할 수 있는 것처럼 느껴질 것 같다.

♠ 오현정 (바이헬렌)

워커홀릭으로 살다가 1년의 육아휴직 후 복직하던 첫 날, 차 시동을 거니 자동적으로 흐르는 아빠 상어~ 어쩌구저쩌구. 음악을 끄고 FM 라디오 버튼을 누르던 그 순간을 절대 잊지 못한다. 육아에서 해방되어 기쁜 것보다는 내 일을 하러 일터로 가는 그 길의 가치가 소중했고, 그 이후 일이란 나에게 온전히 나를 나로서 이끌어주는 에너지임을 실감했다. 잠시 쉬고 있는 지금, 육아라는 일도 나에게 긍정의 에너지를 주고 있으니 이것을 꾹꾹 채워서 새로운 업에 도전해보련다.

♠ 이주영 (순간)

세상에서 나의 존재를 확인하고 가치를 인정받는 것.

일과 직장을 떼어놓고 보지 못했을 땐 회사에서 주는 명함과 나를 동일시했다. '회사를 그만두고 그 명함이 없어지면 나는 뭐지?' 전직이라는 타이틀 만으론 부족하다. 아이가 있으니 엄마(감사하다)이고, 블로그를 하고 있으니 블로거, 책을 계속 쓴다면 작가 호칭도 민망하지 않을 것이다. 스티브 잡스가 "저는 스티브 잡스입니다"라고 했을 때 더 이상 설명이 필요 없다. 애플을 떼어놓고도 스탠포드 연설만으로도 유명하다. 나는 어떤 일을 계속 만들어내고 세상에 내 작은 자취를 남길 수 있을까? 어떤 일을 하든 당당하게 나를 소개하고 싶다.

♠ 유해주 (라마)

현직일 땐 정말 몰랐던 내 이름 석 자 그대로 활동할 수 있는 무대이
자, 나라는 존재를 형성하고 있는 여러 축 중 하나로, 사명감과 나다
움을 잃지 않고 완성해가야 할 무대.

♠ 양혜영 (하이영)

일은 나의 시간과 에너지를 가장 많이 쓰면서 나를 성장시키는 것이
라고 생각한다. 직장을 다닐 때는 회사 업무가 일이었고, 그 안에서
많은 시행착오를 겪었다. 힘든 점이 많았지만 어쨌든 직장생활은 나
를 더 발전시키는 공간임은 틀림없었다. 노동의 대가로 받는 월급도
나를 생산적인 인간으로 만들어줬다. 지금은 아이를 키우고 가족을
위해 살림을 하는 주부가 내 일이다. 아이와 실랑이하며 인내심을 키
우고, 충동적인 소비 대신 가계부를 쓰며 자제력을 키우고 있다. 주
부라는 일로도 나는 매일 성장하고 있다.

♠ 조민정 (하얀눈썹)

어렸을 때부터 여자도 경제력이 있어야 된다는 말을 들어왔다. 일은
손쉽게 놓을 수 없는 존재였다. 돌이켜보니 일을 통해 새로운 나를
발견했다. 내가 알지 못했던 나를 발견하는 순간은 참 즐겁다.

비전 보드 만들기

2007년 베스트셀러에 올랐던 《시크릿》을 통해 많은 사람들의 호응을 받았던 비전 보드 (Vision Board).

이루고 싶은 미래를 한 곳에 이미지로 모아 눈에 보이는 곳에 붙여 놓아보자. 1년 살기를 끝까지 해낼 수 있는 원동력이 되어준다.

▶ 퀸스드림 님과 하얀눈썹 님의 비전보드 예시입니다.

퀸스드림

2019

Vision

하얀눈썹

2019-21

Vision

1년 목표 세우기

거창하지 않아도 되고, 남들 따라하지 않아도 되는, 나만의 1년 계획.

즐거워야 하고, 정말 내가 원하는 게 무엇인지, 생각해보면서 작성해

본다.

♠ 김여나

1. 책 100권 읽고 정리하기 _ 매달 9권정도 읽어야 함

책 읽는 것은 이제 내 삶의 일부다. 올해는 성경책도 2독할 예정인데, 조금 무리하게 잡은 건 아닌가 하면서도 꼭 지키고 싶은 목표다.

2. 미라클 모닝 실천하기 _ 일찍 자고 일찍 일어나기 / 건강유지 하기_ 52kg 유지 / 아침에 글쓰기

아이 키우는 엄마라면 나처럼 늘 시간부족을 느낄 것 같다. 그래서 새벽시간을 이용하고 있다. 겨울에는 잠이 많아져서 일찍 일어나기 힘들지만, 이렇게 목표로 해놓고 지켜나가려 한다.

3. 운동 배우기 _ 요가

2017년 목표인데 이루지 못한 목표라 이월되었다. 운동은 꼭 해야 하는데, 가장 못하고 있다. 나이 앞자리가 바뀌니 건강에 대해서 절실해진다. 올해는 꼭 운동을 배우는 것으로 목표 삼아야겠다.

4. 세인이와 월 2회 데이트

(나만의 착각일 수도 있지만) 분명 바빠질 수도 있기 때문에 아이와 시간을 보낼 수 있을 때 많이 보내자!!! 딸과 2회 데이트라는 목표를 정하지 않으면, 바쁘다는 핑계로, 혹은 귀찮다는 핑계로 잘 안 하는 것 같아 매년 이렇게 목표로 설정하고 있다.

5. 나의 일 시작하기 _ 커리어나비 강사 및 강연

커리어나비라고 경력 전환 여성들을 위한 강사로 위촉되긴 했지만, 프리랜서다 보니 불확정성은 어쩔 수 없는 것 같다. 나의 일을 확고하게 하려면 역시 실력을 쌓는 수밖에는 없겠지.

6. 영적성장 하기 _ 성경쓰기. 읽기. 외우기. 공부하기. 기도노트 작성하기

일요일 아침 성경공부를 하고 있는데, 영적성장 외에도 삶을 사는 데 있어서 많은 도움을 받고 있다. 그래서 올해는 더 열심히 공부도 해보고 싶고, 제대로 성경책도 읽어보면서 신앙생활을 하고 싶다.

7. 어떤 일이건 생각만 하지 말고 만들어서 벌여보기 (職 → 業)

전에는 참 일도 많이 벌였는데, 나이가 드니 불안해서 그런지 예전처럼 많이 저지르지 못하는 것 같다. 올해는 뭔가 하나 저질러봐야겠다.

8. 여행 가기 _ 가족여행 / 나만의 여행

1년에 한 번씩 가족여행 계획 세워서 갔다 올 것이고, 아이가 크니까 이제는 아이에게 좋은 추억을 많이 만들어주고 싶은 엄마의 욕심이 생긴다.

9. 섬기는 생활 _ 매월 1회 재능기부 / 매주 행복한 약속 포스팅으로 불우이웃을 위한 활동하기 / 딸과 함께 봉사할 수 있는 것 찾아서 해보기

앞의 두 개는 작년부터 계속 해오던 것이고, 딸과 함께 봉사할 수 있는 곳이 있다면 해보고 싶다. 아이에게 말로써 "네 이웃을 사랑하라"라고 하는 것보다 행동을 통해서 보여주고 싶고, 직접 느껴보게 하고 싶다.

10. 책 2권 기획해서 출판하기

가장 어려운 목표가 아닌가 싶다. 처음 해보는 것이라 자신도 없고, 하지만 꼭 해보고 싶은 일이니 도전 정신을 가지고 해봐야겠다.

♠ 이지영

1. 기록

- 아이들 성장 열심히 기록 : 육아일기 매일 쓰기
- 1주 1권 책 읽기 : 책 처방전에 기록해두기, 내 아이들에게 남길 책 출판하기

- 그림책 작가 되기 : 그림책 연수 듣기, 색연필화 온라인 강의 듣기

2. 육아

- 나만의 시간 한 달에 한 번 이상 : 흥청망청 소비적인 시간 갖기
- 부부데이트 주기적 : 아이들에게 사랑하는 모습 보여주기
- 운전 배우기 : 아이들과 더 풍성한 경험, 일상의 어드벤처!
- 자기 전 듣는 독서 : 매일 1권 이상 읽어주기
- 60퍼센트 엄마 되기 : 욕심 내려놓기, 잘하는 것 (스킨십, 사랑표현, 긍정)에 초점.
- 가족 전통 만들기 : 매달 팝콘 먹으며 무비 나잇, 매해 스냅 가족사진 남기기, 연말 아이의 버킷리스트 함께하기

3. 건강

- 마음 건강 : 아이들과 일기장에 매일 한 줄 감사일기 하루 큐티(Quiet time, 기도와 묵상), 기도 시간 우선순위
- 몸 건강
  - 주 2회 이상 필라테스 (폭식 금지, 밀가루 음식 줄이기)
  - 계단 매일 오르기
  - 40세 전 리즈 몸매 완성 : 바디프로필 찍기
- 비우기
  - 관계 가지치기
  - 물건 가지치기 : 짐 처분, 육아용품 나눠주기, 옷 1/3 정리
  - sns 가지치기 : 시간 정해서 그 이상 하지 않기, 퇴근 후 휴대폰 보지 않고 아이와 진한 시간 갖기

4. 꿈

- 행복한 교사   • 교사 일기 (학습자료들 잘 기록하고 공유하기)
- 1인 1작가 : 글 하나씩 모아서 연말 출판계획
- 1년 살기 프로젝트 : 매주 재량시간 실시 (버킷리스트, 나의 장례식,

명함 만들기, 인생의 why, 나의 미래, 만다라트 등)
- 한국어교사 자격증 따기, 해외 한국학교 교사 지원하기
- 진심어린 칭찬 매일 5명 이상 하기
- 매달 여행 가기
- 아이와 사진, 그림 잘 모아서 여행 에세이 출판하기

♠ 김지혜 (2018년 11월 ~ 2019년 10월)

1. 좋은 엄마, 좋은 아내로 인정받기
2. 새벽기도 꾸준히 가기
3. 초등학교 입학하는 아들 적응 잘 시키고 평생의 좋은 친구 사귀도록 격려해주기
4. 집안의 여러 가지 일들을 잘 관리할 것 (부동산, 보험, 주식, 세금 등과 관련한 모든 사안)
5. 경제신문을 비롯해 여러 책들을 통해 시사와 경제에 관심 갖고 남편대신 재테크 할 것
6. 주말을 헛되이 보내지 않고 아이들에게 좋은 추억 만들어주기. 경험을 넘어서는 지식은 없음
7. 여자로서 자신감을 찾을 것 : 운동하고 살 빼고 외모에도 민감한 사람이 되기
8. 과거 경험을 살릴 수 있는 일들을 찾아볼 것
9. 책 써보기
10. 영어공부해서 미래에 다가올 일들에 대비할 것
11. 사진관에서 아직도 만들지 못한 아기 성장앨범 완성하기
12. 가족사진 찍기
13. 갖고 있는 달란트로 봉사하기
14. 나만이 할 수 있는 일들을 찾아보고 구체화시켜보기

♠ 오현정 (2018년 7월 ~ 12월)

나는 건강합니다
1. 새벽 6시 기상, 아침밥 든든히 먹기
2. 요가 : 주 3회

나는 성장합니다
3. 경력 전환을 위한 공부, 리서치, 강의
4. 독서와 서평 그리고 필사 : 월 4권
5. 블로그 시작 : 주 1회
6. 영어공부 : TED 이용 (1주 1 script)

나는 사랑합니다
7. 아이와 함께하기 : 도서관(주1회), 미술놀이(주2회), 미술관/갤러리(월2회)
8. 가족 여행 : 등산, 캠핑
9. 취미 찾아가기

나는 잘 살겠습니다
10. 가계부 쓰기 : 짜임새 있는 지출 만들기
11. 부동산 입문 공부 (강의 추천받아 듣기, 월1회)
12. 내 집짓기 : 동네를 찾고 부지 보러 다니기

나는 이루겠습니다
13. 내가 이루고자 하는 것을 매일 소리내어 읽고 확인하기

▶ 다시 써본 1년 계획 (2019년 1월 ~ 6월)

나는 건강합니다
1. 일찍 자고 일찍 일어나기 : 10시~6시, 5분 명상, 호흡하기
2. 요가 주 3회 및 매일 만보

나는 성장합니다

3. 책읽기 : 월 4권 읽고 리뷰

4. 글쓰기 : 자녀 축복기도 3회, 브런치 글쓰기 1회

5. 아이와 영어 그림책, 영어 동요 암송 주 1회 : 밴드 미션

6. 강의 100% 출석 및 리뷰 : 경력 전환을 위한 강의 및 육아 관련

나는 사랑합니다

7. 엄마와 데이트 : 월 1회 (엄마 모시고 카페 가서 커피 마시기)

8. 신랑과 데이트 : 월 1회 (영화관 혹은 산책 등 연애 기분 내기)

9. 혼자 하는 화려한 외출 : 월 1회 (가보고 싶은 멋진 곳을 정해 나를 위한 작은 사치 부려보기)

나는 시작합니다

10. 기획하기 : 뜻맞는 사람들과 재미있는 일 벌이기

♠ **이주영**   (2018년 7월 ~ 2019년 6월)

1. 외형 : 살을 빼고 체력을 길러 건강하게 아름다워지기 (내가 원하는 이미지의 여성상(이영애)처럼 우아하게 나이들 것이다)

  1) 목표

    - 1년간 10kg 감량   - 식탐 줄이고 좋은 음식 먹기

    - 체력 기르고 아침에 개운하게 일어나기

  2) 실천

    - 음식조절하기

    - 아침/저녁 스트레칭

    - 짧은 거리와 계단은 걸어 다닌다.

    - 주말외식을 줄이고 3끼 이상 만들어 먹는다.

2. 책을 쓸 기반 마련하기

1) 목표
- 새벽 5시 기상　　- 독서 주1회 이상

2) 실천
- 10시 전후로 잔다.
- 새벽에 해야 할 리스트를 만든다.
- 모닝페이지를 쓴다. (일기)
- 블로그를 쓰며 글쓰기를 한다. (독후감도)
- 재미 위주라도 좋고 연관된 책을 연결해서 읽어 속도를 내는 방법
  도 익힌다.
- 읽고 실천한다.

3. 퇴사와 새로운 일을 찾아 정착하기

1) 목표
- 2019년 1월 퇴사한다.
- 회사 다니는 동안 스마트스토어를 오픈하고 장사에 발을 들인다.
- 마케팅의 고수가 된다.

2) 실천
- 블로그와 sns를 스마트하게 사용한다.
- 마케팅 공부를 한다.
- 꾸준히 아이템 찾기
- 유튜브, 인스타그램, 라방 같은 동영상을 시작한다.

4. 아이와의 시간 잘 보내기

1) 목표
- 아이와 많은 대화를 한다　　- 다정다감한 엄마 되기

2) 실천
- 아이와 여행을 한 달에 한 번 계획한다.

- 아이와 같이 책을 매일 20분 읽어준다.
- 주말 식사시간 하브루타식 대화를 주1회 한다.
- 하브루타식 독서모임에 한 달에 1번 나간다.
- 아이와 무언가 할 때 1분이라도 더 기다려준다.

5. 남편과 대화 많이 하기
1) 목표
- 남편과 공통된 관심을 더 늘린다.   - 남편 올려주기
2) 실천
- 가족의 밤 같은 시간을 만들어 섭섭했던 것 고마웠던 것에 대해 이
  야기하는 시간을 가진다.
- 같이 다이어트를 한다.
- 남편을 존경하는 마음을 가지려고 노력하기. 좋은 점 계속 생각하기

6. 경제적 자유를 가져올 투자
1) 목표
- 장기적인 주식투자를 시작한다. (노후대비)
- 월세 100만원 만들기
2) 실천
- 해외주식에 대해 공부하고 매수한다.
- 국내주식을 매수한다.
- 수익형 부동산을 구매한다.

▶ 2019년 1월 변경
1. 살을 빼고 체력을 길러 건강하게 아름다워지기
1) 목표 : 7kg 감량 (12월에 3kg 감량했으므로 7kg 남음)
2) 실천
- 저녁7시 이후 안 먹기   - 요가 주2~3회, 홈트   - 영양제 챙겨먹기

2. 하루 좋은 습관 - 현재 매일 하고 있는 것들이지만 당분간 계속 가지고 갈 것

  1) 목표 (80프로 달성해도 성공)

    - 정리정돈 1가지씩   - 낭독녹음

    - 맘스다이어리 작성   - 미소셀카

    - 1일1메모 혹은 블로그 포스팅

    - 신문을 읽는다. (전체가 아니라도 칼럼 하나 정도)

3. 독서 : 1주에 한 권 (한 달 4권), 독후감 쓰기

4. 제2의 직업찾기를 위한 도전, 성장하기

  1) 목표

    - 글쓰기 : 1년 살기 프로젝트 내 즐거운 도전

    - 주1회 운전하기

    - 스마트스토어 포함 아이디어 매일 내서 정리

      → 1주일에 1번 선별하고 월 1회 기획하기

    - 카톡모임으로 아티스트 웨이 해보기(내가 기획해보기) 3월

5. 가족 챙기기

  1) 목표

    - 아이와 전시회나 여행을 간다.

    - 아이와 같이 책을 매일 읽고 독후활동(주 1회)을 한다.

      (그림, 생각할 수 있는 질문 던지기)

    - 남편과 점심 데이트라도 하며 즐거운 대화하기(예쁜 말)

6. 투자, 경제

  1) 목표

    - 식비, 생활비 10%로 줄이기

    - 상반기는 부채 줄이기

♠ 유해주 (2018년 10월 ~ 2019년 10월)

1. 건강
- 일주일 세 번 운동 → 매일 30분 ~ 1시간 걷기
- 현미 채식단 위주, 커피 줄이기

2. 가족
- 아이에게 사랑의 표현 많이 하기
- 바깥놀이 원하는 만큼 할 수 있도록 하기
- 일주일 세 번 미술활동 → 한 번
- 책육아 지속   - 남편건강 챙기기
- 친정부모님/시부모님 연락 자주 드리기

3. 성장/일
- 책 쓰기   - 책 50권 읽기 → 80권으로 목표 상향
- 블로그 다시 시작하기   - 카페 성장
- 2019 여성벤처창업 도전하기 → 2020년으로 딜레이
- 코칭자격증 취득 → 분노조절상담사자격증 취득

※ 보너스+) 1년 목표를 세웠다면 월별 목표, 주별 목표로 세분화 해보자.
눈에 보이고 구체적일수록 효과가 좋다.

♠ 양혜영 (2018년 7월 ~ 2018년 6월)

1년 목표: 당당한 주부로 살기!
1. 3kg 감량해 건강하고 예쁜 몸 만들기
2. 재테크 공부 후 부동산 1곳 이상 투자해보기
3. 가족여행 3번 이상 가기

4. 블로그 시작하기

5. 부지런한 엄마 되기 :

　 장롱면허 떼기, 매일 엄마표 놀이하기, 신 메뉴 50가지 요리하기

♠ **조민정** 　(2018년 7월 ~ 2019년 6월)

1. 책 출간하기 (부제: 글 쓰는 습관 들여 글쓰기에 자신감 갖기)

　 글쓰기 주제 (육아일기 / 주식 투자 / 대중 교통 타고 여행 / 중국, 중국어 / 독후감 / 동화, 소설 중에서 선택)

2. 내가 하고 싶은 일 계속해서 찾아보기

　 - 1년 52권 이상 책 읽기 (육아, 경제, 중국, 인문 등)

　 - 1년 살기 모임 빠지지 않고 참석하기

3. 일, 가족, 건강 등 균형 만들기

　 1) 일

　　 - 최소 한 달에 두 번 외부 미팅 주선

　　 - 중국 CCTV 청취 등 어휘력 확대

　　 - 새로운 사업 아이템 찾아보기

　 2) 가족

　　 - 제주도 여행 가기

　　 - 아이에게 일관성 있는 태도 보여주기

　　 - 상대방의 입장에서 먼저 헤아려보기

　 3) 건강

　　 - 매일 영양제 챙겨 먹기

　　 - 주 3회 이상 운동 지속하기 　　 - 매일 명상하는 시간 갖기

　 4) 친구 : 보고 싶은 친구에게 주저하지 않고 전화하기

나에게 **상장** 주기

아이에게만 칭찬 스티커를 붙여줄쏘냐. 나에게도 상장을 줘보자. 배우자나 다른 가족 또는 친구들과 상장 수여식을 하며 그동안 수고한 나를 마음껏 칭찬하자.

※ 1년 살기 멤버의 예시입니다.

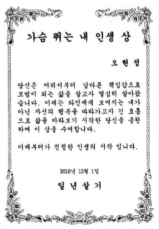

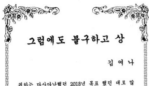

그럼에도 불구하고 상

김 여 나

귀하는 다사다난했던 2018년 목표 했던 대로 많은 일을 처리했고, 여러 결과물들을 만들었습니다. 그 과정이 녹록치 않은 과정임에도 불구하고, 잘 견디어 주었고, 끝까지 믿고 나간 점을 높이 평가합니다.

2019년에도 더 많은 일들을 벌일 것이고, 더 힘든 일들이 있겠지만, 그럼에도 불구하고 해 낼 것을 기대합니다. 돈보다 가치를 소중하게 생각하며, 앞으로도 여성들을 위해 헌신할 것을 기대하며 이 상을 수여합니다.

앞으로의 일들이 더 많이 기대가 되는 나에게...

2018년 12월 1일

일 년 살 기

있는 그대로 아름다움 상

김 지 혜

귀하는 기다리던 자녀가 장애가 있을지도 모른다는 애기에도 불구하고 아기가 태어나기 직전까지 세계지도를 다니며 모기차비 않고 건강한 아이를 낳아 놓은 나 이래도 최선을 다해 육아를 하고 있음을 칭찬합니다.

과거의 화려했던 모든 경력을 내려놓고 가정을 꾸려 아내로써 엄마로써 중심됩고 소망으로 가사를 당진하지 않았으며 외국에 나가서도 꿈님임을 노력하고 인연을 만들어 외모을 수도 있었던 최고경험을 멈치째 바꾸려하고 온 점을 칭찬합니다. 또한 바다도움 남편에게도 성실함으로 따라 순종하여 가정의 평화를 유지하고 있음을 칭찬합니다.

아직도 자아발견을 위해 노력하고 있고 실제로 공부하고 있으며 지금보다 더 의미 있는 인생을 찾아 고군분투하고 있는 점을 격려하며 더 나은 자신에 대한 꿈을 꾸고 그 꿈을 반드시 실현시킬 것을 믿기에 이 상장을 수여합니다.

2018년 12월 1일

일 년 살 기

쇠심줄 보다 질긴 끈기 상

조 민 정

위 사람은 남들보다 느린 속도를 자랑하지만 포기 하지 않고 여러 성취를 일구어 내었습니다. 가정과 일의 균형을 추구하며 본인의 꿈을 위해 밤낮없이 노력한 점을 칭찬합니다. 글쓰기와 투자를 지속하여 주변에 경제적 나눔을 실천하는 바 타의 모범이 되므로 이 상을 수여 합니다.

꾸준함의 가치를 잊지 않은 나에게

2018년 12월 1일

일 년 살 기

발 빠른 뱁새상

양 혜 영

소중한 윤아의 첫 인생을 함께 하기 위해 퇴사를 감행하고 전업맘의 세계로 뛰어든 용기를 칭찬합니다. 20개월 동안 모유수유를 하느라 잠이 부족했지만 독서와 배움을 지속하여 가계 살림과 내적 성장 향상에 기여한 점을 높이 평가합니다. 내년에는 내가 무엇을 좋아하는 지 반드시 찾아 창조적 생산자가 되는 한 해가 되기를 기대하며 이 상을 수여합니다.

2018년 12월 1일

일 년 살 기

부록

내 **건강** 되찾기

새로운 생명의 탄생은 경이로운 일이지만 새 생명을 피워낸 엄마는 예전의 생기를 잃어간다. 푸석푸석한 얼굴, 늘어난 뱃살, 거기에 혹 사당하는 관절과 저질 체력까지. 그럼에도 불구하고 남편, 아이를 위한 음식과 영양제는 챙기면서 스스로에 소홀하기 마련이다. 내 인생에 다시없을 1년을 만들려면 체력은 필수! 단순히 잘 챙겨 먹고 운동하기 쉽지 않다면 주변 지인과 바디 프로필 찍기에 도전해보자.

우리는 2019년 6월 29일, 계획대로 멋지게 바디프로필을 찍었습니다~.

2019년 4월 3일, 이 책의 여덟 분 작가님 중 네 분을 만났습니다. 3월 말에 한 분과 인연이 닿아, 이메일로 간단히 작가님들 소개, 책을 왜 내고 싶은지, 책을 낸 후 어떻게 달라지고 싶은지에 대한 답을 듣고 나간 자리였습니다. 그때만 해도 더블엔에서 책을 출간하겠다는 욕심이 있었던 건 아닙니다. 책을 내고 싶어 하시는 분들이 있다는 얘기를 듣고, 어떤 분들인지 그들의 에너지를 느껴보고 싶었고, 책이 어떻게 출간되는지 그 과정을 현장의 목소리로 전달해드릴 목적으로 가볍게 나간 자리였습니다.

그리고 며칠 후, 원고를 한번 봐달라는 '1년 살기' 모임의 리더 퀸스드림 님의 메일을 받았는데, 원고를 읽으며 깜짝 놀랐습니다. 어느 한 분 감동적이지 않은 내용이 없었고, 어느 한 분 글솜씨가 뒤떨어지는 분이 없었습니다. 이런 에너지를 더블엔이 함께 나누어야겠다, 싶었습니다. 더블엔(2개의 en)은 energy와 enjoyment니까요.

책을 만드는데 현장경험을 안 해볼 수 없습니다. 5월 모임에 참석했습니다. 세 시간이 어떻게 지나는지 모르게 열정 가득한 분위기에 흠뻑 취했습니다. 아니, 이 분들, 어쩜 다들 그리 멋있고 따듯하고 사랑스러운지요. 지금 당장 절박한 문제 하나 없었다면 저, 나가지 않았을지도 모릅니다. 이것저것 부족한 거 없었다면 그만큼 공감지수가 높지 못했을지도 모릅니다. 하지만 더블엔의 당면 문제가 있고, 편집장이자 오너인 저의 문제가 절박했기에, 단순히 이 책의 편집자로서가 아니라 모임의 일원으로서 저에게 그날의 경험은 굉장한 사건!이었습니다.

토요일 오전 시간, 할 일과 핑계는 얼마든지 많습니다. 9시까지 강남역으로 가려면 최소한 7시에 일어나거나 집에서 나서야 합니다. 일요일보다 더 휴일 냄새 가득한 소중한 토요일이죠. 금요일 저녁을 유흥으로 보낼 수도 없게 됩니다. 저에게 5월의 그날은 6개월간 기다려온 테니스 모임 봄엠티를 가는 날이었어요. 1주일에 간신히 한 번 하는 소중한 운동, 게다가 1박2일로 다녀오는 신나는 엠티. 그 핑계로 모임 참석을 다음달 또는 다다음달로 미룰까 수차례 고민을 하다 나간 모임이었답니다. 만일 한순간의 기쁨을 위해 선택을 미루었다면, 그만큼 제 감동의 방향과 속도가 달라지고 느려졌을지 모릅니다. 참, 다행이었어요. (어쨌든 테니스는 오후부터 밤늦게까지 쳤다죠)

이 책은 그렇게 탄생했습니다. 프로젝트 멤버들의 에너지와 편집자의 사심 가득한 열정과 북디자이너의 정성을 한껏 버무려 멋지게 만들어보았습니다. 이 기운이 독자분들께 고이 잘 전달되고 '1년 살기 프로젝트'가 전 국민 프로젝트로 번져나가는 날이 오면 정말 좋겠습니다.

이 책에 참여하지 못한 멤버들의 에너지와 매력도 상당하시답니다. 《다시, 시작합니다》 2탄 3탄의 출간도 기대해봅니다.

_ 송현옥